心理学基礎演習 Vol.2

小塩真司
西口利文
【編】

質問紙調査の手順

ナカニシヤ出版

果のパートの記述方法を，第 14 章では考察を記述する際の注意点を説明する。最後の第 15 章では，研究者倫理すなわち研究全般において守るべき倫理的側面を解説する。さらに本書では，これまでに作成された 15 の質問紙尺度をコラムとして簡単に解説する。ぜひ参考にしてもらいたい。

　本書で学ぶことで，質問紙法を用いた研究手順とレポート・論文の記述方法がひととおり身につくことが期待される。また，本書でカバーしきれない知識もあるので，ぜひ他の本も手にとりながら積極的な姿勢で学んでいってほしい。

　なお，ナカニシヤ出版の宍倉由高氏と山本あかねさんには，本書を作成するにあたり多くのサポートをいただきました。多大なご助力に心から感謝申し上げます。

2007 年 9 月
編者

目　次

まえがき　*i*

1 **はじめに** …………………………………………………………………………… 1
　本書の目的　**1**
　質問紙法について　**1**
　授業の手順　**2**
　授業に関して　**2**

2 **質問紙の基礎知識** ………………………………………………………………… 5
　用語の整理　**5**
　構成概念　**6**
　尺度・下位尺度・項目　**7**
　信頼性と妥当性　**7**

3 **アイディアから質問紙へ** ……………………………………………………… 11
　類型論と特性論　**11**
　概念の設定　**12**
　概念の構造を考える　**13**
　概念から尺度へ　**15**

4 **構想発表を行う** ………………………………………………………………… 17
　はじめに　**17**
　レジュメの作成（技術編）　**18**
　レジュメの作成（心構え編）　**21**
　構想発表にあたって　**24**
　次の構想発表にむけて　**25**
　おわりに　**27**

5 **先行研究を調べる** ……………………………………………………………… 31
　先行研究の調べ方　**31**
　文中への引用の仕方　**33**
　文献リストの記述方法　**35**
　おわりに　**38**

6 **問題と目的の書き方** …………………………………………………………… 41
　文章表現の問題　**41**
　一般的話題から心理的概念へ掘り下げていくこと　**43**

7 **尺度項目を作る** ………………………………………………………………… 47
　はじめに　**47**

評定尺度法　47
Likert 法による尺度の作成　49

8　質問紙の構成　　55
フェイスシート　55
質問紙内容の例　57
実際の作成にあたり注意する点　59

9　調査の依頼・実施における注意点　　63
調査協力者とは　64
調査協力の依頼　64
ブリーフィングと調査実施時の教示　68
デブリーフィング　71

10　データの入力・整理　　75
はじめに　75
通し番号の記入　75
データの入力　77
欠損値の扱い　78
逆転項目の扱い　79
入力されたデータの誤りの検出　80

11　Excel によるデータ解析　　83
記述統計量　83
相関係数　85
IT 相関（Item Test correlation）　87
t 検定　90

12　SPSS を使って分析する　　95
はじめに　95
データの入力　95
SPSS で分析する　98
とにかく使ってみること　107

13　方法および結果の書き方　　111
方法の記述　111
結果の記述　112
図表について　113
まとめ　116

14　考察のしかた　　119
はじめに　119
考察に記述する内容　119
考察を書くうえでの注意点　121
おわりに　123

15 研究者倫理 ……………………………………………………………………… 125
既存の質問紙を利用するとき　125
質問紙を作成するとき　125
調査を実施するとき　126
調査終了後の質問紙の管理と処理　126
レポートや論文を書くとき　126
調査結果のフィードバック　127
おわりに　127

索　引　129

コラム

1　無気力感尺度　4
2　刺激欲求尺度・抽象表現項目版　10
3　日本版 Buss-Perry 攻撃性質問紙　16
4　親和動機尺度　29
5　共感性尺度　39
6　対人依存欲求尺度　46
7　大学生用対人ストレスコーピング尺度　54
8　自意識尺度　61
9　セルフ・ハンディキャッピング尺度　73
10　ネガティブな反すう尺度　82
11　多次元自己志向的完全主義尺度（MSPS）　94
12　多面的楽観性測定尺度　109
13　批判的思考態度尺度　118
14　認知的完結欲求尺度　124
15　方向感覚質問紙　128

本書で用いたプログラムソフト Microsoft Word，Microsoft Excel は米国 Microsoft Corporation の米国およびその他の国における登録商標です。SPSS は米国 SPSS 社の米国およびその他の国における登録商標です。なお，本文中では，基本的に TM マークおよび R マークは省略しました。

1
はじめに

本書の目的

　本書は，心理学を学ぶ学部・学科で広く行われている，質問紙法の実習を補助する目的で書かれたものである。同じような目的で書かれた優れた図書はこれまでにも数多く出版されている。そしてそれらの図書は内容も幅広く充実しており，実際の研究に役立つ内容で構成されている。

　しかし本書はそれらの図書とは異なり，心理学の初学者（大学1, 2年生）が質問紙法の手順をひととおり体験し，質問紙を実施するという行為の中にどのような意味があるのかを体験的に学ぶ手助けをするマニュアルとなることを目指している。心理学の初学者を対象としているということもあり，本書では授業での心構えなど，技術的な側面以外のトピックも扱っている点に特徴があるといえるだろう。

　また，「ひととおりの体験」とはいえ，そこでのプロセスは，実際の質問紙を利用した心理学の研究と同じものといってよいものである。アイディアを練り，先行研究を探し，目的を明確にし，仮説を立て，質問項目を作り，質問紙の形にし，調査を実施し，データを入力して分析し，結果をまとめ，結果に基づいて考察し，発表する。これらのプロセスをひととおり体験することで，心理学の面白さを少しでも感じてもらえれば，本書の試みは成功したといえる。

質問紙法について

　心理学の研究方法は多様である。それは第1に，心理学が人間を対象とした学問であることによる（ただし，人間以外の動物を対象として研究を行っている心理学者も少なくない）。人間を対象とする以上，実験参加者や調査参加者に悪影響を及ぼさないようにするなど，倫理面には注意する必要がある。さまざまな制約の中で研究を行っていくために，多様な研究方法が考えられてきたのである。また第2に，心理的プロセスを直接的に観察することが非常に困難であることが挙げられる。実際に観察できる大部分は行動あるいは行動の結果であり，心理的プロセスそのものではないのである。これらのことから，心理学では研究方法論について数多くの議論がなされてきた。

　質問紙法は数ある心理学の研究方法の中でも，言語を利用した人間理解のひとつの方法である。紙と筆記用具を使用し，紙面に印刷された質問項目に回答していく。そしてその回答に反映された個人の内面から，人間を理解していこうとする。

　質問紙法の長所と短所は以下のとおりである（宮下, 1998）。

　第1の長所は，個人の内面を幅広くとらえることができることである。複数の質問項目を用意することにより，個人の考え，価値観，パーソナリティなどを幅広くとらえることができる。また，過去や未来についても幅広く尋ねることができる。第2の長所は，短時間で多人数に実

施することができることである。このことにより数多くのデータを得て，大規模な統計処理を行うことができるようになる。そうすることで，多くの人に共通する一般的な傾向を容易に把握することができる。また一斉に実施することで，質問紙を実施する条件を統一することも容易である。第3の長所は，費用が比較的かからないということである。必要となるのは紙（印刷機はあった方がよいが）と筆記用具であり，特別な器具が必要になることはほとんどない。第4に，調査対象者が自分のペースでよく考えながら回答することができることである。

では，短所にはどのようなものがあるだろうか。第1に，質問紙法では個人の内面を深くとらえることが難しい。得られる情報はあくまでも，用意された質問に対する回答であり，回答に応じて質問を臨機応変に変えるなどして，より深い考えまであぶり出していくことは難しい。第2に，調査対象者の防衛的な態度が反映しやすい。自分自身を望ましく見せようとしたり，あえて悪く見せたりしようとする回答者もいる。そのような回答者の態度をチェックする質問項目群（虚偽尺度とよばれる）が用意されることもあるが，対処が難しい問題である。第3に，文章を使用することから生じる制限がある。文章を読み，理解できなければ回答することができない。したがって，年少者に実施することは難しい。

質問紙法を用いるときには，これらのような長所と短所を十分に理解するようにしたい。

授業の手順

本書が想定している授業の概要は，以下のようなものである（第4章も参照）。

- グループ単位で作業を行う。
- 各グループは，用意された既存の質問紙を参考に，新しい質問紙を考案する。
- 新しい質問紙のアイディアをレジュメにまとめて授業中に発表する。参加している学生や教員の意見を参考にしながら，アイディアを洗練させる。
- 実際にデータをとり，分析を行う。事前の仮説と分析結果から，最終レポートを構成する。

この進め方は，あくまでも筆者らが行っている授業の形態にすぎない。それぞれの大学ではそれぞれ工夫された質問紙法の実習が行われているだろう。本書を執筆する際には，筆者らが行っている授業だけではなく，できるだけ幅広い授業に対応できるよう考慮した。

また，筆者が教鞭をとる大学の心理学科では現在，1年次を対象として質問紙法の実習が行われている。上記の手順のような授業は大学1年生には難しすぎると思われるかもしれないが，実際にこの授業で学生たちは質問紙法を学んでいるので，不可能ではないはずである。

授業に関して

基本的に本書で扱う質問紙は，パーソナリティの特性論に基づき，間隔尺度水準の量的な特性を測定するものである。そして平均値や標準偏差，相関係数の検討に基づいて考察を行う。授業の途中では，論文を検索して調べたり，他の学生の前で発表（プレゼンテーション）をしたり，教員の指導を仰いだりといったさまざまなイベントがある。このテキストではそれらの細かい手順についても，できるだけふれるようにしているので参考にしてほしい。

なお，このテキストが対象としているような実習の授業は，この授業の中だけで完結するようなものではない。他の多くの心理学の授業と関連するものであり，心理学的な知識と研究方法の総合的な力が試されるのだ，ということを覚えておいてほしい。

実習の授業では，グループで作業を行うことも多いであろう。グループでの作業では各メン

バーの積極的な参加姿勢が不可欠である。グループ内の特定の学生のみに負担がかかるのではなく，協力し，話し合うことで問題解決につなげてほしい。確かに，複数の人間が課題解決に取り組む際には，能力にも取り組み方にも個人差が生じるものである。しかし，世の中に出れば気に入った者ばかりで仕事のチームを作るわけではない。こういった実習の授業は，作業を通じて人間関係を学ぶ場でもあることを心にとどめておこう。心理学を学んでいるみなさんであれば，なおさらである（グループワークについての注意点は第4章を参考にしてほしい）。

文　献

宮下一博　(1998)．質問紙法による人間理解　鎌原雅彦・宮下一博・大野木裕明・中澤　潤　心理学マニュアル　質問紙法　北大路書房　pp.1-8.

1 無気力感尺度

「無気力」は，ステューデント・アパシーの研究に代表されるように学校を中心に扱われてきた（下山，1996; 鉄島，1993）。アパシーとは，無感動，無感情，無関心を意味する（中島・安藤・子安・坂野・繁桝・立花・箱田，『心理学辞典』より抜粋）。下坂（2001）によれば，大学生の留年現象や小学生から高校生にかけての不登校などの原因として研究がされてきた。

これまでにステューデント・アパシーは，母子関係（山田，1990），ソーシャルサポート（下坂，2001）などさまざまな要因との関連が検討されている。また，無気力の年齢層を小・中学生に拡張した研究では，身体的不全感・将来の展望の欠如・消極的な友人関係，学習への不適応感などの側面が見いだされ，学習時間や通塾などの日常生活状況との関連が検討されている（笠井・村松・保坂・三浦，1995）。

学校や青年自身を取り巻く日常生活状況を考慮した「無気力」をとらえ，その心理・社会的要因を明らかにし，無気力状態に陥ることを予防していくことは教育上も重要であると考えられる。

下坂（2001）による無気力感尺度は，無気力を「日常生活全般で，自分をやる気がないと感じること」と定義し，作成されたものである。下位尺度として，現在から将来にかけての自分自身を把握できない「自己不明瞭」（項目例：自分の将来を考えるとうんざりする，自分の将来を真剣に考える気にはならない，など），他者に対する不信感や不満足を表す「他者不信・不満足」（項目例：私には本当に困ったときに助けてくれる人がいない，私を本当に理解してくれる人は少ないと思う，など），日常生活での精神・身体的な疲労感を表す「疲労感」（項目例：私は毎日の生活で体がだるいと感じている，多忙な毎日で疲れて何もしたくなくなる，など）の3つを想定している。項目数はそれぞれ，9項目，6項目，4項目である。「疲労感」は若干項目数が少ないが，尺度の因子構造は安定していると考えられる。

（脇田貴文）

文 献

笠井孝久・村松健司・保坂 亨・三浦香苗 (1995). 小学生・中学生の無気力感とその関連要因 教育心理学研究, **43**, 424-435.

中島義明・安藤清志・子安増生・坂野雄二・繁桝算男・立花政夫・箱田裕司（編）(1999). 心理学辞典 有斐閣

下坂 剛 (2001). 青年期の各学校段階における無気力感の検討 教育心理学研究, **49**, 305-313.

下山晴彦 (1996). ステューデント・アパシー研究の展望 教育心理学研究, **44**, 350-363.

鉄島清毅 (1993). 大学生のアパシー傾向に関する研究―関連する諸要因の検討― 教育心理学研究, **41**, 200-208.

山田和夫 (1990). 家族関係の中でのステューデント・アパシー 土川隆史（編） ステューデント・アパシー 同朋社 pp.140-177.

2
質問紙の基礎知識

　心理学とは，直接的に観察できるものから，直接的に観察できない構成概念を推測しつつ，研究を行っていく学問である。質問紙法を用いた研究も同様であり，質問紙というツールを使って目に見えないこころの特徴を探っていくことを試みるものである。目に見えないものをどのように推測していくのか，その推測がいかに確かなものであるか，そこにはさまざまな研究上の工夫がある。

用語の整理

　質問紙の詳しい説明に入る前に，用語の整理をしておこう。
　まず，1つ1つの質問と選択肢のセットを「質問項目」（単に「項目」ということもある）という。（例）のように1つの質問文に対して3～7くらいの選択肢を用意し，程度を尋ねるような形式を用いることが多い。

（例）　1：当てはまらない，2：あまり当てはまらない，3：どちらともいえない，
　　　　4：やや当てはまる，5：当てはまる

　　　　1. 私は人より優れた能力をもっている　………　1　2　3　4　5
　　　　2. 私は人と話をするのが好きだ　……………　1　2　3　4　5
　　　　3. 私は一生懸命に物事に取り組む方だ　………　1　2　3　4　5

　この例のような態度や好み，パーソナリティといった回答者の情報を得るために作られた一連の質問項目の集合体を「質問紙」という。能力や適性，知能を測定する場合には「目録」と

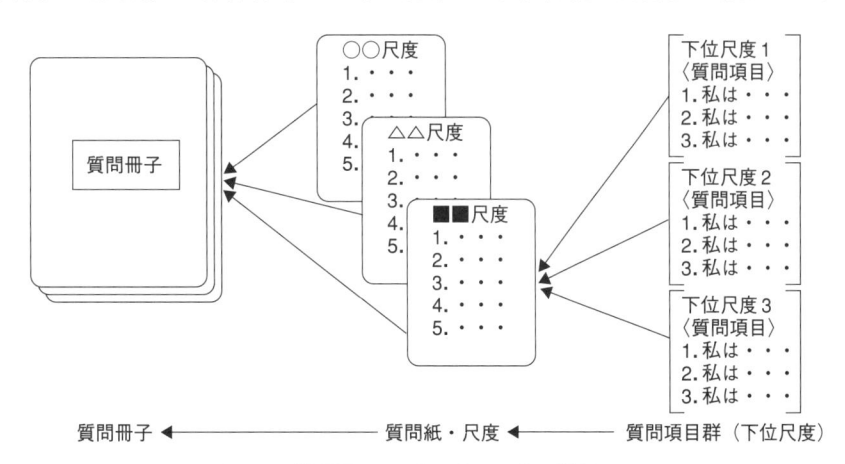

図2.1　質問項目，下位尺度，尺度，質問冊子

いう言葉が用いられることもある。

またこの質問紙を,「尺度」とよぶこともある。もともと尺度という言葉は,統計学や測定理論において,あるものの量や強さと得点となる数値との間にあるルールのことを指す。しかしながら,複数の質問項目で構成される文章と回答欄のセットのことを「尺度」ということもある。「質問紙」「目録」「尺度」の3つの言葉は,明確に使い分けられているわけではない。これらはほぼ同じような意味で使われるのだ,ということを覚えておこう。

質問紙（目録,尺度）が複数集まって1冊の冊子状になったものを「質問冊子」という。質問紙法では,この質問冊子を調査参加者に配布し,回答を得ることによって研究が進められるのである。

構成概念

質問紙法を理解するためには,「構成概念」という考え方を押さえておきたい。構成概念とは,直接的に観察することが困難で,理論的に定義される概念のことである。

たとえば,「数学の能力」というものを考えてみよう。数学の能力は色も形もわからない。脳の中をのぞいて直接見ることもできない。そのものが物理的に存在しているわけではないからである。したがって数学の能力は,一種の構成概念だと考えることができる。

ではここで,数学の能力というものを少し掘り下げて考えてみよう。「数学の能力」は,その中身をいくつかの能力に分けることができる。たとえば,「計算問題を解く能力」「文章題を解く能力」「証明問題を解く能力」といったものである。数学の能力全体は,これら個々の能力の集合体だと考えることもできるのである。

さて,数学の能力は構成概念であり,直接観察することはできないが,間接的に観察することはできる。たとえば,「テストの得点」である。「計算問題を解く能力」は計算問題に正答するかどうか,「文章題を解く能力」は文章題の問題に正答するかどうか,「証明問題を解く能力」は証明の問題に正答するかどうかで測定することができる。

ここで注意することがある。それは,心理学においては「ある心理学的な特徴が行動に反映する」という考え方をするという点である。つまりここでの例の場合,「ある能力が高いからこそ,その能力が反映する問題に正答できる」という考え方をするのである。たとえば,計算能力が高い生徒は低い生徒よりも,計算能力を測定する問題1,問題2,問題3により正答する確率が高くなる。図2.2において,能力から問題に矢印が引かれているのは,この考え方を表している。

このように,数学の能力は直接的に観察することはできないが,数学の能力が高い（低い）ことの結果である問題の正答（誤答）によって,間接的に観察することができるのである。

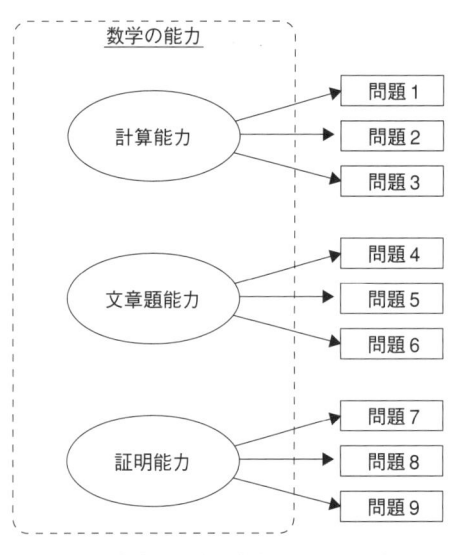

図2.2 数学の能力を複数の問題で測定する

尺度・下位尺度・項目

　尺度（質問紙・目録）を考える際にも，構成概念の考え方が重要になる。図2.2と図2.3を見比べてほしい。

　ある測定したい概念の中に，「○○傾向」「△△傾向」「□□傾向」という3つの下位概念があると仮定しよう。これらを測定するときには，3つの下位尺度で構成される質問紙（尺度）を作成することになる。そしてそれぞれの下位尺度には，複数の質問項目が含まれるという構造である。

　図2.3の1つ1つの質問項目への回答が，直接的に目に見える結果の部分となる。これは図2.2でいえば1つ1つの問題にあたる。いくつかの質問項目の得点を合計し，その得点の程度を検討することにより，測定しようとする構成概念を個人がどの程度有しているかの指標となる。しかしながら考え方としては，目に見えない「○○傾向」を量として多くもっているからこそ「下位尺度1」の3つの項目により「はい」と回答する傾向が強くなる，というものになるので注意しよう。

　図2.3では下位尺度が3つ設定されているが，これは2つでも4つでも構わない。しかしこれらの下位尺度は，全体としてある1つの構成概念を表現しており，「全体として○○を測定する」また「全体として○○尺度である」ということがいえなければならない。また，図2.3では各下位尺度が3つの項目で構成されているが，これはもっと多くても構わない。

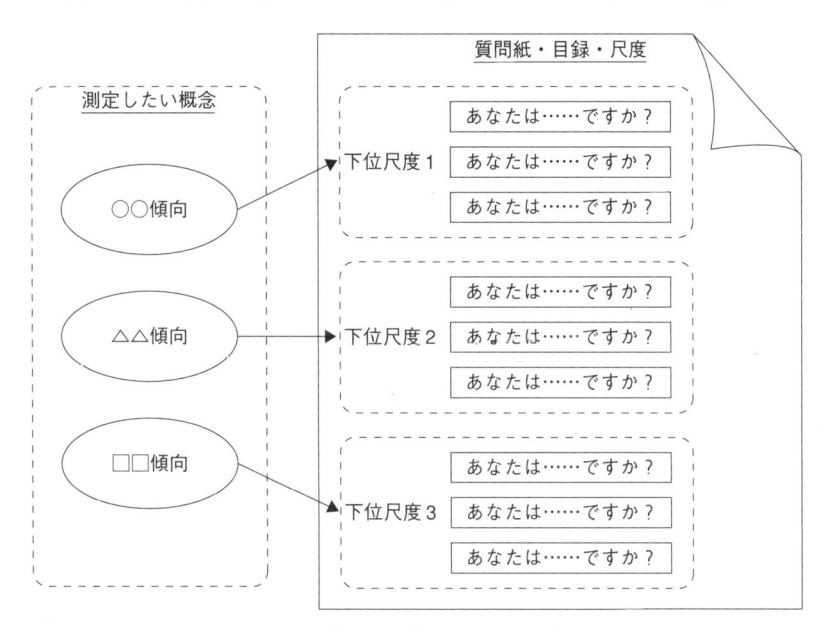

図2.3　概念・尺度・下位尺度・項目

信頼性と妥当性

　心理学の測定で最も重要なことは，「安定して測ることができているか」と「測りたいものを測ることができているか」という2点にある。前者を信頼性，後者を妥当性という。

信頼性

　身長計に乗ってみよう。最初は165cm, 降りてまた乗ってみたら172cm, また降りて乗ってみたら161cmと, 乗るたびに数cmずつ違う数値が表示されたら, その身長計は信頼性に欠けているということになる。

　同じように, ある人に質問紙を実施するたびに, あまりに違う得点となってしまうのも好ましくない。質問紙法では, 後で再び質問紙を実施し, 2回の調査の間の相関を求めることで信頼性を検討することがある。これを再検査信頼性という。

　また, 質問紙に含まれる項目が, みなある程度同じ方向性を示していることも重要である。外向性を測る質問項目の中に「あなたはリンゴが好きですか」という項目が混ざっていても, その項目は外向性を測定することにならない。ある概念を測定する質問紙の中には, その概念の方向を向く質問項目が集まっている必要がある。これを内的整合性（内的一貫性）という。偶数番号と奇数番号の項目のように質問紙を半分に分け, 両者の相関係数から信頼性を検討することを折半法という。

　α係数という指標を算出して信頼性を検討することも多い。一般に, α係数が.80以上あると「十分な信頼性（内的整合性）がある」とされる（第11章, 第12章も参照）。

妥当性

　さてあなたは, また別の身長計に乗ってみることにした。今回の身長計は, 何度乗ってもほぼ「160」という数字を表示する, 信頼性の高い身長計のようである。ところが, あなたよりも身長が高い友人がその身長計に乗ると, 「150」と表示された。不思議に思ったあなたは, その身長計を調べてみることにした。するとその身長計に表示されるのは身長ではなく体重の2倍の数値だった。

　身長計に乗ったときに, 機械に表示される数値が「身長の高さ」であることを疑うことはまずないだろう。しかし心理学の場合, 質問項目に回答した得点は, 測定したい概念そのものではない。本当に測定したい概念は, 目に見えない, 直接的に測定できない構成概念なのである。

　妥当性とは, 測定したいものを測定できているか, という概念である。この妥当性には, いくつかの考え方がある。

　もっとも包括的な考え方は, 測定している得点が測定したい構成概念を適切に反映しているかどうか, というものである。これを構成概念妥当性という。理論どおりの結果を予測できるのか, 理論どおりに他の変数との関連が観察されるのか, それらが他の調査対象群でも観察されるのかといったことを検討していく。

　また, 項目内容が測定したい概念を過不足なく反映しているかどうかを専門家が判断するなどの方法で検討されるものを, 内容的妥当性という。そして, 測定した得点が, 問題としている概念や現象をより直接的に反映する外部の基準（医者の診断や試験の合格・不合格など）と関連するかどうかや, 予測できているかどうかを検討するものを, 基準関連妥当性という。

信頼性と妥当性の関係

　先ほどの身長計の例でもう一度考えてみよう。測るたびにあまりにも大きく違った値が表示されるのであれば, その器具が何を測っているかを問題にしても意味がない。何を測っていようが, そもそも正確に測ることができていないので, 妥当性を問題にしても意味がないのである。つまり, 信頼性が確保されて初めて妥当性の問題を検討する意味が出てくる。これは心理学の測定でも同じである。

　また, 内的整合性による信頼性と内容的妥当性の関係についても注意が必要である。たとえ

ば，「1 + 1 =」という質問を 10 個用意して測定すれば，内的整合性はきわめて高くなる。しかし，そこで測定された内容は，「1 + 1 =」に回答できるかどうか以上の意味はないだろう。さまざまなパターンの計算問題を用意して測定することによって，計算能力全体が測定できるようになる。しかしそうすると，ある問題には答えることができるがある問題には答えることができないといったように，回答にばらつきが生じる。回答にばらつきが生じれば，内的整合性は低下する。このように，測定したい内容の広がりと，内的整合性との間には，相反するような関係がある。

　これは質問紙でも同じである。たとえば「優しさ」という性格を測定することを考えてみよう。「私は優しい人間だ」という質問に対し，「1. 全くそう思わない」から「5. 非常にそう思う」までの 5 段階で解答する質問項目を 10 個用意して測定すれば，内的整合性はきわめて高い値になる。しかし，それは自分が優しい人間かどうかという 1 点のみに絞って尋ねているだけであり，「優しさ」という性格全体をまんべんなく測定しているとはいえない（この質問に「非常にそう思う」と答える人は，果たして本当に優しい人なのか，という問題もあるだろうが）。「優しさ」という性格の中には，他者の相談に乗ることや思いやりをもって接すること，他者に共感することなど，多様な内容が含まれているはずである。できれば，そのような多様な内容を過不足なく質問紙の中に含めていきたい。しかし，その意味の範囲が大きくなればなるほど，ある質問には当てはまるが別の質問にはいいえと答える人が増えてくる。すると，内的整合性は低下していく。

　質問紙（尺度）を作るポイントは，どのような意味のまとまりを想定するか，という点にある。そこで，この考え方を図で示してみたい。図 2.4 では，研究したい概念全体を長方形で表し，下位尺度を 3 つの円で表している。またこの 3 つの円は，「尺度全体が測定している概念」を意味する。3 つの円の重なりは下位尺度が測定している概念の重なり具合を意味し，重なりが大きいほど関連が大きくなる。下位尺度がまとまりすぎても概念全体をカバーできないし，概念から外れた下位尺度も望ましくない。うまくバランスをとることが重要なのである（第 7 章も参照）。

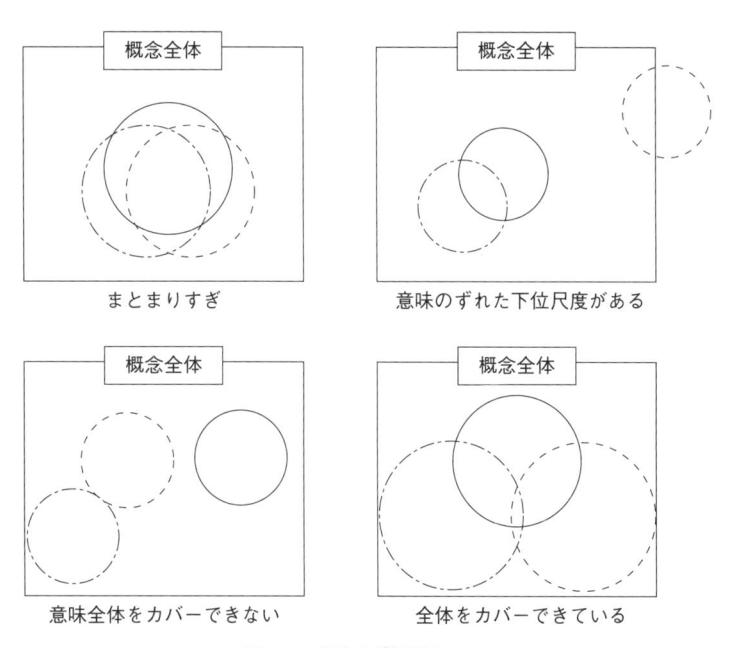

図 2.4　概念と質問紙

2　刺激欲求尺度・抽象表現項目版

　人は外部からの刺激が極端に少ない環境におかれると、退屈を感じ、刺激を求める行動をとることが知られている。しかし、逆に刺激の多すぎる環境においては、刺激を避けるような行動をとることもある。たとえば電車に乗っているときのように、特にすることのないような場合には、本を読んだり、外の景色を眺めたりすることで、刺激を得ようとする。また、騒がしい場所にいて落ち着かないときには、静かな場所を求めて移動する。すなわち、人は周りの刺激の量が自分にとって最も快適になるように行動しているのである。このように、刺激が多すぎることもなく、少なすぎることもない最も快適な刺激の強さを「刺激作用の最適水準（optimal level of stimulation）」とよぶ。この刺激作用の最適水準には個人差があり、どのくらいの刺激が最も快適なのかは個人によって異なると考えられている。

　このような刺激作用の最適水準の個人差を測定するために、ツッカーマンら（Zuckerman, Eysenck, & Eysenck, 1978）は刺激欲求尺度を作成した。ツッカーマンらの尺度では、さまざまな行動や状況を挙げ、具体的な項目表現を使って測定している。しかし、具体的な行動などを問うことは、世代や文化・風習の違いが尺度得点に強く現れる可能性があり、単純に刺激欲求の高低を比較することが困難となる。そこで、古澤（1989）は、具体的な行動を問うのではなく、抽象的な尺度項目を用いた刺激欲求尺度・抽象表現項目版（Sensation Seeking Scale-Abstract Expression；以下 SSS-AE）を作成した。

　SSS-AE は、「TAS（Thrill and Adventure Seeking）」「Dis（Disinhibition）」「ES（Experience Seeking）」の 3 つの下位尺度にそれぞれ 5 項目ずつ、全 15 項目からなる尺度である。TAS はスピードや危険を含むスポーツや活動に携わろうという欲求を測定する下位尺度であり、「少々危険でもスリルのあるスポーツをするのが好きだ」「成功する見込みがあまり無くとも、あえて危険を冒す方だ」「スピード感のある乗り物が好きだ」といった項目から構成されている。Dis は抑制を解除させることへの欲求であり、さまざまな制限や規制から逸脱したいという傾向である。「スキャンダラスな話題が好きだ」「騒がしいが、楽しい雰囲気の中で踊るのが好きだ」「はらはらさせることがあっても飽きさせない人とつきあうのが楽しい」といった項目により測定される。ES は、新しい体験や変わった体験をしてみようという欲求であり、「出来れば様々な経験をしてみたい」「目新しくて変化に富んだ色々なことをしてみたい」「特殊で変わった仕事をしてみたい」といった項目が含まれる。

　教示は、「あなたは、以下のような気持ちを感じますか。それぞれ自分の気持ちにあった所に○を付けて下さい」というものである。被調査者には、「あてはまる」「ややあてはまる」「どちらともいえない」「ややあてはまらない」「あてはまらない」の 5 段階で評定するように求める。

〈安藤史高〉

文　献

古澤照幸　(1989).　刺激欲求尺度・抽象表現項目版（Sensation Seeking Scale-Abstract Expression: SSS-AE）作成の試み　心理学研究, **60**, 180-184.

Zuckerman, M., Eysenck, S., & Eysenck, H. J. (1978). Sensation seeking in England and America: Cross-cultural, age, and sex comparisons. *Journal of Counseling and Clinical Psychology*, **46**, 139-149.

3 アイディアから質問紙へ

　この章では，まずパーソナリティをとらえる2つの見方を紹介し，その後で，自らが考えたアイディアをどのように質問紙の形にしていくかを説明したい。

類型論と特性論

　パーソナリティ心理学（性格心理学，人格心理学）には，人間のパーソナリティの見方として，類型的な見方（類型論とよばれる）と特性的な見方（特性論とよばれる）の2つがある。

類型論

　類型論とは，何らかの原理に基づいて多様なパーソナリティの中にタイプ（類型）的なものを見いだし，その構造を明らかにしようとする考え方である。たとえば，「あの人は明るい性格だ」「彼は優しい人だ」という場合，前提として「明るい―暗い」「優しい―優しくない」という何らかの基準があり，人々をその基準で分類したときに，「あの人は明るい方に分類される」「彼は優しい方に分類される」という判断を行っている。このように，日常的に人々が自分や他者のパーソナリティを判断する場合には，類型的な見方をすることが多いと考えられる。

　類型論は，「この人はこういうタイプ」というように，人々を明確に分類することで個人差を記述しようとする。このような考え方は理解しやすく，その人の全体像をつかみやすい。また，類型論のとらえ方は日常的に人々が行っている個人差の把握方法に近いものなので，直感的に理解しやすいという長所をもっている。

　その一方で，いったん人がある類型に分類されると，別の類型に移行することが難しくなる。また，類型的なパーソナリティの見方をすると，微妙な個人差が見落とされる危険性がある。さらに，ある人が「明るい」というカテゴリに分類されると，「明るさ」以外の特徴に注目されなくなる可能性がある。これら類型論の欠点は，われわれが自分や他者のパーソナリティを見る際にも気をつけるべきことでもあるだろう。

特性論

　人間のパーソナリティをより細かい複数の基本単位（特性）に分け，その組み合わせによってパーソナリティ全体を説明しようと試みるのが特性論という考え方である。特性論の立場では，多くの人々は共通するパーソナリティ特性を有していると考える。これを共通特性という。

　たとえば，「明るい vs. 暗い」という2分類ではなく，「明るい」から「暗い」までの間にいくつもの数えられないほどの段階があることを想定する（もちろん，尺度で測定を行えば最低点と最高点は設定される）。そして，A君は「明るさが8点」，B君は「明るさが2点」であれば，B君よりもA君の方が「明るい」と判断される。このように特性論では，「明るさ（暗さ）」

というパーソナリティ特性をものさしとして設定し，量を測定する。

さらに，特性論の立場では，複数のパーソナリティ特性を同時に設定することも可能である。たとえば，「明るさ」と「優しさ」を考えたときに，A君は明るさが8点で優しさが3点，B君は明るさが2点で優しさが9点，C君は明るさが7点で優しさが8点であれば，A君は「明るくてあまり優しくない」，B君は「明るくなくて優しい」，C君は「明るくて優しい」といったように，個人の特徴をより詳細につかむことができる。

特性論は個人のパーソナリティを細かい単位に分け，それぞれの単位を量として表現する。その点で，個人差を細かく検討することができるというのが最大の長所であるといえる。また，個人差が量として表現されることから，類型論よりも統計的な処理をしやすい。これも，特性論の考え方が研究でよく用いられる理由のひとつである。

しかし，特性論で語られる個人差は詳細ではあるが，個人の全体像を把握することが難しくなる場合がある。「私は社交性が10点満点中8点で優しさが5点，だけど不安は2点で知的好奇心は7点です」と言われても，いったいこの人がどのような人であるのかを直感的に把握することは難しいであろう。

類型論と特性論の関係

特性論と類型論は相反する考え方でもあり，互いに補い合う関係でもある。

たとえば，類型論の立場にしたがって，人間を「明るい」「暗い」という2種類に分けてみよう。すると，中間の人が無視されることになってしまう。ではそこで「中間」という類型を加えて，「明るい」「中程度」「暗い」という3つに分類したとしよう。それでも，「明るい」と「中程度」のさらに間をとる人が出てくるかもしれない。そこで，「明るい」と「中間」の間に「やや明るい」を設定しよう……。そのように細かく分けていくと，特性論の考え方に近づいていくことになる。

一方で特性的な見方にたち，「優しさ」を1点から100点までの数直線でとらえることにしてみよう。70点のA君と80点のB君は10点差でB君の方の得点が高いが，平均が50点であれば，A君とB君はともに「優しい」人だということになる。特性であっても，ある基準で分割すれば，類型的な見方をすることにもなるのである。

質問紙でパーソナリティなどを測定し，類型化する際には，まずは特性としてデータを得ておき，ある基準で調査対象者を分類することで類型化する，という手順を踏むのが一般的である。なぜなら，「明るさ」を特性として30点満点で測定しておけば，15点を基準に「明るい人」「暗い人」に分類（類型化）することができる。しかし，「あなたは明るいですか，暗いですか」と尋ね，明るいか暗いかいずれに丸をつけてもらうと，もうその人がどの程度明るいのかを得点化することができなくなってしまうからである。

概念の設定

質問紙（尺度）を作成する前に，どのような概念を測定するのかを決めなければいけない。そのために，これまでに研究されている既存の尺度についてよく調べ，そこではどのような構成概念を測定しているのかをよく理解してほしい。

そしてその調べた構成概念と尺度との関係を参考にしながら，自分が調べたい構成概念を設定していく。この時，いろいろな考え方があるが，まずは既存の尺度を参考にしつつも，それにあまりとらわれず自由に考えた方が良い結果となるように思われる。

良くない例をいくつか挙げておこう。

まず，「日常生活の行動」といったような，あまりにも広い概念を設定することは好ましく

ない。「日常生活の行動」という概念の中には，朝起きてから夜寝るまでのさまざまな行動が含まれなければいけない。日常生活の行動すべてを含むような尺度を作成することなど，少し考えてみれば不可能に近いことがわかるだろう。

また，既存の概念にあまりに近く，類似した概念を設定するときには注意が必要である。はたしてその概念と既存の概念とは同じものなのか，どこかに異なる点が存在するのかが問題となる。もしも，新たな概念が既存の概念とまったく同じであれば，わざわざ新たに設定する必要はなくなってしまう。たとえば，「内向性を測定する尺度を作ろう」と考えたとしても，これまでに外向性・内向性という概念はすでにあり，それを測定する尺度も（複数）存在している。このような場合には，「これまで考えられてきた内向性とはこういう点で異なる側面なのだ」と明示することが必要になる。

いきなり新しい概念を考え出すのは難しい作業である。そのような場合には，これまでに研究されている概念をヒントにしていく方法もある。これまでの研究では幅広く扱われている概念であるが，その一部の範囲の概念をさらに細かく調べる質問紙を作成することにも意味があるだろう。また，これまでの研究では理論の一部しか質問紙に反映されていない，といったことが発見できれば，面白い研究になりそうである。

新たな概念を設定する際には，理論的な裏づけが不可欠である。もちろん，みなさんの経験をベースにしながら，これまでに行われた心理学の研究論文や研究書を探し，読んでいってほしい。先行研究の検索には，図書館などで用意されているインターネット上のデータベースを使用しよう。そして検索した論文や図書を図書館で手に入れ，読んでいこう（第5章も参照）。

なお，検索サイトなどで見つけたwebサイトの内容をそのまま引用するのは望ましくない。またもちろん，引用文献リストに挙げることなく引用すれば，それは剽窃となる。そのようなことがないように気をつけてほしい。

概念の構造を考える

質問紙（尺度）を作成するときに重要なポイントは，「どのような概念構造を設定するか」である。いくつか例を挙げながら説明してみよう。

下位構造

この考え方は，ある概念のもとにいくつかの下位概念を設定する，というものである。大きな概念の枠の中に，より細かい下位概念が含まれるという構造となっている。そして下位概念どうしは互いにやや違う側面でありながらも，共通点を合わせもっている。質問紙（尺度）としても，よくある構造である。

たとえば秦（1990）は，敵意的攻撃インベントリーという尺度を作成しているが，その下位尺度として「身体的暴力」「敵意」「いらだち」「言語的攻撃」「間接的攻撃」という5つの下位概念を設定している。これら5つの下位概念は「敵意や攻撃性を反映した思考や行動」とい

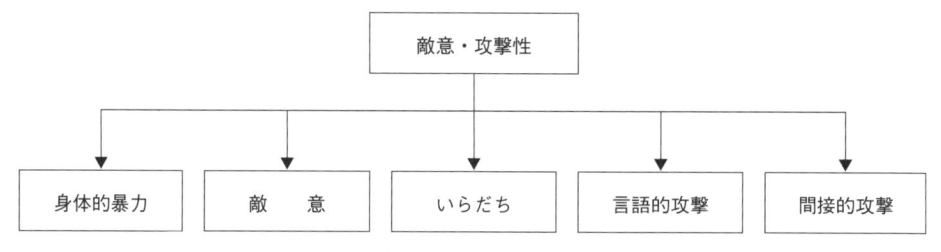

図3.1 敵意・攻撃性と下位概念との関係

う共通点をもちつつ，それぞれが固有の特徴をもっているのである。

並列構造

この考え方は，大枠としてある概念を設定し，その中に含まれる要素を下位尺度として設定するというものである。下位構造と類似しているが，下位尺度の共通点がより薄い，あるいは事前に想定されていない場合もある。

たとえば，久世・和田・鄭・浅野・後藤・二宮・宮沢・宗方・内山・平石・大野（1988）は，青年の社会意識を測定する尺度を作成している。そして，現代青年に特有な社会意識として3つの下位尺度を設定している。これらは相互に直接的な関連を示すというよりも，社会意識という大きな枠の中に含まれるものと考えることができるだろう。

並列構造の場合，どのようなまとまりで下位尺度を設定するかが重要なポイントになる。まとまりがあまりに希薄であると，共通点が不明瞭なものになるために，ある1つの概念を測定している，ということがいいにくくなってしまう。

またこの考え方に限らないが，設定した下位尺度が，測定したい概念全体を過不足なくカバーしているということも重要なポイントである。久世他（1988）の尺度の場合では，現代青年に特有な社会意識「全体」が，この3つの下位尺度でカバーできるという考え方をしているのである。

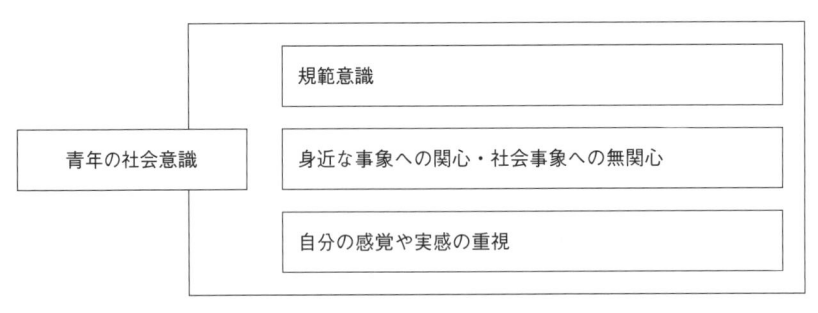

図3.2 青年の社会意識と下位概念との関係

平面構造

この考え方は，類型から特性を設定する，あるいは特性から類型を導き出すものと言い換えることができるだろう。

たとえば宮下（1991）は，「他人の存在をそれほど意識しないか，他人の存在にとらわれやすいか」という視点，「その人の意識や認識のレベルを強調するか，積極的な行動を強調するか」という視点を導きだし，それらを測定する独自性欲求尺度を作成した。そして2つの次元を組み合わせ，「わが道型の独自性欲求」「抑圧型の独自性欲求」「自己顕示型の独自性欲求」「自己中心型の独自性欲求」という4つの独自性欲求の類型化を行った。

このような構造を設定する場合，縦横の矢印で表される部分が尺度となる。矢印の組み合わせで設定された類型は直接的に測定されるのではなく，2つの尺度の平均値や中央値で調査対象を分類したときに，そのグループにつけられる名称となる。加えて，この2つの矢印で表された2つの下位尺度は，相関係数が0に近いほど各類型の人数が等しくなる。

この他にも考え方があるかもしれないが，これらのイメージをもって質問紙を作成した方がよいであろう。なお，下位構造と並列構造は下位尺度間に意味の重複や共通点があるため，相関係数を算出すると互いに関連があることが想定される。一方で平面構造では，2つの矢印が直交していることからもわかるように，2つの下位尺度間にあまり高い相関がないことが望ましい。

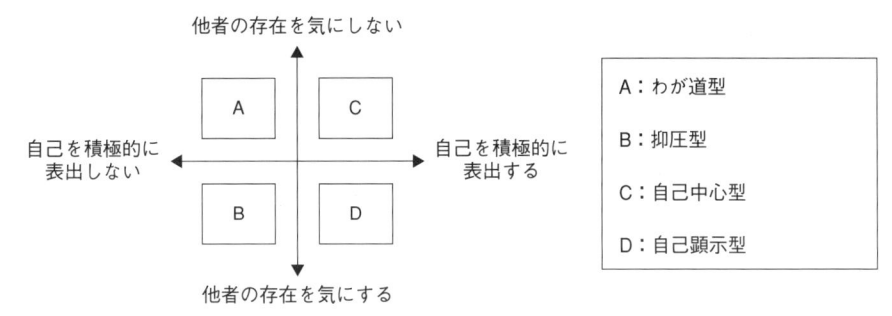

```
           他者の存在を気にしない
                    ↑
              ┌───┬───┐        A：わが道型
              │ A │ C │
自己を積極的に ←─┼───┼─→ 自己を積極的に  B：抑圧型
表出しない    │ B │ D │    表出する
              └───┴───┘        C：自己中心型
                    ↓
            他者の存在を気にする        D：自己顕示型
```

図3.3 独自性欲求の構造

概念から尺度へ

測定したい概念を設定したら，質問項目を作成する。その方法には，おおまかに2つの手順がある。

トップダウン的な作成方法：設定した概念の下位にいくつかの概念を設定する。この下位概念が下位尺度となっていく。そして下位にある概念に基づいて，具体的な項目を考えていく。

ボトムアップ的な作成方法：設定した概念の下位概念をうまく考えられない場合，まずはその概念から考えられる具体的な特徴を出すことから尺度を作成していくこともある。具体的な項目に近い特徴を考えていくか，あるいは自由記述式の予備調査を行い，その記述内容から項目を作成していく方法もある。そして，考え出された項目群を分類することにより，下位尺度を設定していく（第7章も参照）。

質問紙（尺度）を設定するときに重要なことは，この章の最初に述べた「類型論と特性論」の考え方を十分に考えることである。特性を測定するために作られた尺度は「ものさし」のようなものであり，ものさしに両端があるように，尺度にも両端がある。自分が作る尺度の得点が高いときに何を意味するのか，そして低いときには何を意味するのかを十分に考えていこう。

文　献

秦　一士（1990）．敵意的攻撃インベントリーの作成　心理学研究, **61**, 227-234.
久世敏雄・和田　実・鄭　暁斉・浅野敬子・後藤宗理・二宮克美・宮沢秀次・宗方比佐子・内山伊知郎・平石賢二・大野　久（1988）．現代青年の規範意識と私生活主義について　名古屋大学教育学部紀要（教育心理学科）, **35**, 21-28.
宮下一博（1991）．大学生の独自性欲求の類型化に関する研究　教育心理学研究, **39**, 214-218.

3 日本版 Buss-Perry 攻撃性質問紙

　みなさん自身，またはみなさんの友だちの中に攻撃的な人はいるだろうか？　社会心理学において，「攻撃」とは危害を避けようとしている人間に危害を加えようとする意図に基づいた行動であるとされている。このような攻撃行動のとりやすさをとらえる試みのひとつとして，「攻撃性」という性格特性を扱う研究がこれまで行われてきた。そのひとつとして，Buss & Perry（1992）の攻撃性質問紙（Aggression Questionnaire）に関する研究がある。ここで扱われた質問紙は複数の構成概念によって攻撃性を多面的にとらえることを意図して作成されたものである。

　この Buss & Perry（1992）の攻撃性質問紙を基礎として，安藤・曽我・山崎・島井・嶋田・宇津木・大芦・坂井（1999）は日本語版の攻撃性質問紙，日本版 Buss-Perry 攻撃性質問紙（BAQ: Buss-Perry Aggression Questionnaire）を作成した。

　この尺度は「短気（anger）」「敵意（hostility）」「身体的攻撃（physical aggression）」「言語的攻撃（verbal aggression）」という4つの下位尺度，合計24項目からなっている。

　「短気」下位尺度は，怒りの喚起されやすさを測定するものであり，「ちょっとした言い合いでも，声が大きくなる」「かっとなることを抑えるのが難しいときがある」「ばかにされると，すぐ頭に血がのぼる」などの5項目から構成されている。「敵意」下位尺度は，他者に対する否定的な信念・態度を測定するものであり，「陰で人から笑われているように思うことがある」「私を苦しめようと思っている人はいない（逆転項目）」「私を嫌っている人は結構いると思う」などの7項目から構成されている。「身体的攻撃」下位尺度は，身体的な攻撃反応を測定するものであり，「どんな場合でも，暴力に正当な理由があるとは思えない（逆転項目）」「相手が先に手を出したとしても，やり返さない（逆転項目）」「挑発されたら，相手をなぐりたくなるかもしれない」などの7項目から構成されている。「言語的攻撃」下位尺度は，言語的な攻撃反応を測定するものであり，「意見が対立したときは，議論しないと気がすまない」「誰かに不愉快なことをされたら，不愉快だとはっきり言う」「友達の意見に賛成できないときには，はっきり言う」などの5項目から構成されている。

　質問紙のフェイスシートに用いられる教示は，「この質問紙は，あなたの感情表現についておたずねするものです。次ページからいくつかの質問項目があります。それぞれの質問に，あなたはどれほどあてはまりますか。あてはまると思う番号に一つ○をつけてください。時と場合によって答えが違うと思いますが，ふだんのあなたにとって，もっともよくあてはまる回答をしてください。回答は人によって違うのが普通ですから，正しい回答や間違った回答というものはありません。あまり考え過ぎると答えられなくなりますから，気軽にどんどん答えてください。この回答の結果については個人のプライバシーは厳守されます。ひとつの項目もぬかさず，すべての項目にありのまま答えてください」というものである。それぞれの質問項目について，「まったくあてはまらない（1点）」「あまりあてはまらない（2点）」「どちらともいえない（3点）」「だいたいあてはまる（4点）」「非常によくあてはまる（5点）」の5段階で評定を求める形式になっている。

（遠山孝司）

文　献

安藤明人・曽我祥子・山崎勝之・島井哲志・嶋田洋徳・宇津木成介・大芦　治・坂井明子　（1999）．日本版 Buss-Perry 攻撃性質問紙（BAQ）の作成と妥当性，信頼性の検討　心理学研究，**70**, 384-392.

Buss, A. H., & Perry, M.　（1992）．The aggression questionnaire. *Journal of Personality and Social Psychology*, **63**, 452-459.

4
構想発表を行う

はじめに

　この章で紹介する構想発表とは，第1章の「授業の手順」にも書かれていたような形態の授業の中で，グループで進める研究の構想や進行についての授業時間内の発表（プレゼンテーション）のことを指す。具体的には，以下のような授業の手順である。

- 受講生は複数のグループに分かれ，それぞれのグループで協力してグループワークとして課題となる研究を半期の間行う。
- 課題となる研究では，まず既存の心理測定尺度をもとに，その尺度が測ろうとしている概念と全体的，もしくは部分的に関連があると考えられる概念について，これまでの心理学における研究をレビューしながら新たな心理測定尺度を作る。
- 既存の尺度と自分たちが作る新たな尺度で測られる2つの概念およびその類似の概念について先行研究をレビューし，2つの尺度の関連についての仮説を立てる。
- 既存の尺度と自分たちが作った新たな尺度について質問紙調査を行い，2つの尺度の関連を検討する。
- 仮説と結果，先行研究を照らし合わせ，考察する。
- 授業では複数回のプレゼンテーションの機会が与えられる。グループで協力して現在の進捗状況を論文形式のレジュメ（概要を印刷したもの）にまとめ，プレゼンテーションに先立って他のグループの学生，教員に配布する。
- プレゼンテーションではグループの代表者（グループ内で交代して分担することが好ましい）がレジュメに基づいて他のグループの学生，教員の前で発表し，発表の内容についてコメントを受ける。
- コメントの内容がプレゼンテーションの内容に関連した質問であった場合，その場で答えられるのならその場で答える。その場で答えられないのであれば，次回の発表の際に答える。
- 授業は複数の教員で担当し，各グループに対して一人の担当教員が決定される。プレゼンテーションに対する教員からのコメントが受講生に十分に理解されなかった場合のケアなど，授業時間外の指導はその担当の教員から受ける。
- 授業の内外で，教員から今後の研究の方向性や進行について助言を受ける。教員から次の週までにやるべきことが指示される場合もある。そのような中で次の発表までに考えなければならない課題，やらなければならない課題が明らかになる。
- 教員からのコメントや指示，指導を参考にして，前回のレジュメに修正，追加をしたレジュメを用いて次回の発表を行う。研究の進展により，レジュメの修正，追加が繰り返される。修正，追加を繰り返したレジュメは最終的に「問題と目的」に始まり，「方法」「結果」「考察」「引用文献」に終わる半期の授業の最終レポートとなる。

このような形で研究を進めることで，教員からの助言や指導を参考にしつつも自分たちの力でアイディアを出し，尺度を作成し，データをとり，分析をし，分析の結果を考察する。これにより，グループワークで助け合いながら心理学的な研究をすることを経験し，一人で研究ができるようになっていくことを受講生には期待している。また，受講生は自分たちのやっている研究についてプレゼンテーションとその準備を繰り返し行うことで，発表するスキルが身につくことも期待される。

この章ではこのような形態の授業の中で繰り返し行う発表について，レジュメの作成や構想発表に関する技術と心構え，次の構想発表に向けて注意すべき点を解説する。

ここでふれる内容は上記のような形態の授業にのみ特化した話ではない。卒業研究やゼミなどで，教員に繰り返し研究計画書を見せて指導を受けながら自分で行う研究をブラッシュアップしていくような場合にも参考になる。ただし，この章の中でふれる心構えに関する内容は筆者の主観的な思いが強く反映されているので，このような形態の授業に携わった一教員の見解としてあくまで参考にしていただきたい。

レジュメの作成（技術編）

レジュメの構成

発表をするたびに発表内容に関するレジュメを作る必要があるが，この授業のように繰り返し指導を受け，ブラッシュアップしていきながら研究を進める場合は，発表のたびに一から新たなレジュメを作るのではない。大幅な改訂が必要になることも時にはあるかもしれないが，基本的に前回のレジュメに追加，修正を加えていく。発表を繰り返し，研究を進めていく中でレジュメは最終レポート，または論文という完成した形に近づいていく。

発表についてであるが，基本的にグループ以外の人は発表された内容しか理解できない。つまりグループ内での話し合いの過程は他の人にはわからないのである。そのために，発表および発表に用いるレジュメはわかりやすくなければならない。発表の時点までにグループで話し合ったことや問題意識，尺度の項目内容，調査内容，仮説や方法，結果，考察について（これらの内容は徐々に追加されていく），過不足なく報告するものであってほしい。

発表（プレゼンテーション）に先立って他のグループの学生，教員にレジュメを配布する。レジュメに含むべき基本的内容は，以下のものである。なお，レジュメには表紙は不要である。レジュメはフォーマットの指定が特になされていない場合，A4用紙に縦置き，横書きで作成し，複数枚になる場合は左上をホチキス留めする。

A) 発表する日付
B) タイトル：レポートのタイトルである。最終的には最終レポートのタイトルとなる。発表の時点での研究のテーマがわかりやすいタイトルをつける。研究の方向性が転換したら，タイトルも変わることになる。
C) 班名と班全員の学籍番号，氏名：その回に発表する発表者の氏名の前に○印をつけておく。
D) 報告内容

上記の「D) 報告内容」は，基本的に以下のような論文の形式を踏襲する。

1. 問題（と目的）：研究を始めるきっかけや，扱う概念についてこれまで行われてきた研究に

ついてまとめる。そこから，これまでの研究の問題点や，これまで行われてきた研究と今回行う研究の関連，今回の研究で行うこと，今回の研究の新しい点，この研究をする意義・意味などについて述べる。目的を含み，「問題と目的」とすることもある。
2. 目的：今回の研究の目的を明らかにする。
3. 方法：どのような方法で研究したのかを「追試が可能なように」記述する。
4. 結果：どのような結果が得られたのかを正確に記述する。
5. 考察：結果や結果と先行研究との整合性などから論理的に推測できることや今後の展望を記述する。
6. 引用文献：本文中で引用した文献についてリストアップする。参考文献ではないので注意する。
7. appendix（付録）：質問紙などを付録としてつける場合には，最後に appendix としてつける。

　実際には最初の発表から上記のすべての内容がレジュメに含まれることはない。最初の発表では，問題や目的の一部分と，問題や目的に関連して引用した文献の一覧を記述するだけになるだろう。ただし，レジュメは，その後改訂を加えていき，半期の授業の最後にはきちんとした論文の形式を踏まえた最終レポートになる。

　また，内容ごとの具体的な書き方については，アイディアの出し方や練り方，まとめ方については第3章で，先行研究のまとめ方や本文中での引用の仕方，引用文献リストの書き方については第5章で，問題と目的の書き方については第6章で，方法と結果の書き方については第13章で，考察の書き方については第14章で，それぞれ詳しく述べられている。それらの章を参照してほしい。

言いたいことが伝わるレジュメを作る

　発表に向けての準備としてレジュメを作るわけだが，レジュメまたは最終レポートは読む人に読みやすくなるよう工夫してほしい。たとえば関連する概念についての先行研究を上手に整理することで，そのグループが扱う概念について，レジュメを読む人に理解されやすくなる。先行研究の調べ方や整理の仕方については第5章で詳しく説明する。また，見出しなどを効果的に使う，日本語として間違いのない文章を書く，ということも伝わりやすくする工夫のひとつである。この文章表現の問題については第6章で詳しく述べる。

　基本的にプレゼンテーションを聞く側は，発表された内容がそのままそのグループが考えている内容だと理解する。教員や他のグループの受講生は発表された研究内容を，レジュメを読むこと（視覚からの情報）と，話を聞くこと（聴覚からの情報）の2つから，理解する。そして，発表を聞いた教員は，あのような発表をした裏には，このような意図があるのではないか？　などというような推測はしない。そのため，グループで研究についていろいろなアイディアをもっていたとしても，それが発表において表現されなければ，そのようなことは考えていないものと見なされる。「レジュメには書いていませんが，こんなことを考えています」というような話が多量にある場合，聴覚からのみ得られる大量の情報は，一度に処理，理解することが困難である。タイトルや見出ししかないレジュメを配布し，あとは口頭で説明するというようなプレゼンテーションは避けなければならない。

　また，レジュメに書いてあることと話している内容が矛盾していて，聴覚からの情報と視覚からの情報に矛盾があったりすると，その処理をするために能力が分散されてしまううえに，人間の情報処理の特徴として視覚情報が優先されて処理されてしまいがちなので好ましくない。レジュメの修正箇所を印刷してしまった後で見つけた場合はプレゼンテーションの最初に，修正点を黒板などを使って報告し，そのうえで発表を始めてほしい。つまり，配布されたレジ

ュメを読んだだけで，そのグループがどのような研究をしていて，現在どこまで進んでいるのかが伝わるようなレジュメを配布する必要がある。レジュメを見てもグループのメンバーが何を考えているのかがわからない場合，教員は指導するのが非常に困難である。

レジュメは常に新しいものを

レジュメについては，常に「今，グループで考えていること」がわかる新しいものを出すように気をつけてほしい。前回の発表からどれだけグループで一生懸命やって，アイディアが出たり，研究が進んでいたりしたとしても，その次の回の発表のレジュメの中で表現されていなければ，その努力は伝わらない。レジュメが何も変わっていなければ，「前回の発表から今日までいったい何をしていたのか？」と言われることもあり得る。きちんと研究が進んでいるのであれば，そのようなことを言われて不快な思いをする必要はないし，進んだ内容に関連した助言を受けられるようにした方が建設的である。

レジュメが古いアイディアのままであると，レジュメについて，厳しい指導を受けた場合，ついつい「実は，今はレジュメに書いているようなことを考えているのではなく，別のことを考えていて……」と言いたくなるだろうし，それを言うと教員からは「ならばその一番新しいアイディアが示されているレジュメを作ってもってこないとだめじゃないか」とさらに厳しく言われることもある。すでに方針を変更したいと思っているような古いアイディアについて指導を受けるのは，時間も指導を受けるチャンスも浪費してしまうという意味でもったいない。さらには，「今回のレジュメでは書かれていないが，考えていた別のこと」と違う方向性で研究を進めてはどうか，という助言が教員よりなされ，元々考えていた自分たちのアイディアをその次の発表でもってきても「前回の発表に対するコメントで方向性について教員から提案がなされたはずだが，何を聞いていたのだ？」と言われてしまうことも考えられる。

レジュメは常にグループの中で共有している最新の考えを示すものを作り続け，それを用いて発表するようにしてほしい。

先行研究と自分たちのアイディアの両立と区別

自分たちの研究に関するアイディアに説得力をもたせるひとつの方法として，似たようなことを考えて行われた先行研究を引用する，というものがある。教員は心理学に関する知識が受講生よりもわずかだが多い。そのため，みなさんのアイディアを理解するにあたって，心理学でこれまで研究されてきた概念と結びつけて説明してもらえると，理解が早い。

自分たちの思いついたことを大事にする，ということと自分たちが考えた概念と類似の，でも異なる概念についての先行研究を引用して論じることは両立する。自分たちがAという概念について研究したいが，それに類似したA'という概念についてはたくさんの研究がある，などということもあるかもしれない。そんなときは似たようなことをやった研究がすでにあるから，とあきらめるのではなく，自分たちの扱いたい概念Aとすでに研究されている概念A'を明確に区別したうえで，A'についての先行研究と対応させて自分たちの研究の位置づけをしてほしい。

「われわれはAという概念について研究を行う。Aに類似したA'という概念についての研究はすでに存在するが，Aという概念についての研究はなされていない。しかも，～といった理由からもAとA'を区別し，Aという概念について研究をすることは意味のあることである。そこでわれわれはAという概念についての尺度を作成する」。

「Aという概念に類似するA'という概念とBという概念の関連については～という知見が示されている。このことからAという概念についての尺度はBという概念の尺度と～という関連をもつことが予想される」。

このように書くことで自分たちの考えていることが教員にも，自分たち以外の受講生にも，より伝わりやすくなり，研究をする意義についても説得的になる。また，学問の発展という意味でも，新たな心理学的な研究を行うときにこれまで行われてきた類似の概念の研究との結びつきと違いを明確にしながら研究を進め，研究の成果を積み重ねていくことで，より人間のこころについての理解が進むということも考えられる。これらの理由から，先行研究のレビューと自分たちのアイディアを関連づけながらも，自分たちの研究やアイディアの新しい点を強調して，自分たちのアイディアが伝わるようにしてほしい。先行研究の調べ方やまとめ方は第5章で詳しく述べられているので，参照してほしい。

レジュメの作成（心構え編）

レジュメは早めに作る

発表の際にはレジュメを作ってそれを印刷したものを受講生と教員に配布し，プレゼンテーションを行う。しかし，レジュメは授業の直前にできあがっていればよいというものではない。所属する機関の事情によっては，印刷機が使える時間や台数に制約がある場合もあるだろう。印刷機が使える時間に，他のグループと競合しないように印刷をし，1部ずつホッチキスで留める。それを受講生と教員の人数分用意するだけでも，ある程度の時間の余裕が必要なことがわかるだろう。

また，このペースなら，次回のレジュメは間に合うだろうと思っていても，途中で何らかのトラブルで，時間が足りなくなることも考えられる。もちろん予定よりもはかどり，早く完成することもある。しかし，レジュメができていない状態で発表することになるリスクを冒すよりも，予定よりも早く準備が済み，余裕をもって授業に臨む方が好ましいのはいうまでもない。このことからも，レジュメは早めに作るよう心がけてほしい。

授業中と授業外の2つの指導を有効に利用する

おそらくほとんどの受講生のみなさんは，これまでに心理学的な研究をしたことがないだろう。本書で扱うような授業ではみなさんに，グループワークでお互いに協力し合いながら，半期の間に1つの研究を完成してもらう。そこで，本書で扱うような授業が始まったらできるだけ早い段階で過去の先輩たちの最終レポートを見ることも重要である。先輩方が書いたレポートと同じような，もしくはそれ以上のレポートをこの半期で書くことをみなさんは求められるのである。それを理解したうえで，授業であと何回発表する機会があるのか回数を数えてみてほしい。それだけの回数発表し，そのたびに先生方から一言ずつコメントを得て，修正していく。その積み重ねをするだけで先輩方と同じようにレポートを書けるようになるだろうか？おそらくほとんどの受講生が，スケジュールとしてかなり厳しいという実感をもつのではないだろうか。

授業中にプレゼンテーションをし，コメントを受ける以外に，レジュメの作成にあたって，そのグループを担当する教員から事前に指導を受けることもできる。指導の受け方はさまざまであるが，よく行われるのが，授業でのプレゼンテーションに先立ち，前もって自分のグループを担当する教員に作成したレジュメを見てもらう，という形式の指導である。

作ったレジュメを事前に見てもらい，教員からコメントや指導を受け，追加や修正をして授業でのプレゼンテーションに臨む。教員がレジュメを見る時間も必要であることを考えると遅くとも授業の3日前にはグループを担当する教員にレジュメのファイルをメールに添付するなどの方法で送り，指導を求める必要がある。そして，コメントや指導を受け，書き直しや修正をしてから発表に臨んでほしい。

これは1週間に2回もレジュメを作り直さないといけない，面倒くさい，という話ではない。週に2回指導を受けるチャンスが与えられているのである。またこれは週に2回指導を受けないと，最終レポートまでたどり着けないという話でもある。「どうせ授業のときに見てもらうし，今回は前もって見せなくてもいいだろう」などというような判断をしないでほしい。

レジュメの制作はグループで話し合いながら進める

　グループでレジュメを複数回作成するということになると，レジュメ作成を当番制にするグループもあるようである。全員が研究論文を書くスキルを身につけるという意味では全員がレジュメ作成の経験をするということは好ましいことである。しかし，そのような場合でも，どのようなレジュメを作成するかについては，常にグループ内で話し合って意見を共有したうえで進めてほしい。

　レジュメ作成を当番制にして，グループで話し合いを行わず，その週のレジュメの作成をその当番1人に任せた場合，当番になった学生はグループの他のメンバーがこの先グループの研究をどのような方向性で進展させていきたいと思っているのか，よくわからない。しかし，当番なので適当にレジュメに手を加えなければならない。だが，どのように手を加えればいいのかわからない。そんな状態になる。そして，わからないなりに手を加え，発表する前にグループの担当の教員にそれを送り，かつ授業でプレゼンテーションを行うことになる。それにより，グループ内で研究の方向性について意見が対立したまま研究が進められ，いろいろと困った事態になるおそれがある。困った事態とは，グループ内の不十分な話し合いと意見の対立により人間関係が悪くなること，グループワークで研究を進めていくことに興味をもてなくなるメンバーが出てくること，または自分の回になったときにだけ自分のアイディアをレジュメに反映させ，グループとしての研究の方向性がなかなか定まらないことなどである。

　レジュメを作る経験を全員がするべきだが，当番制にするのであればあくまでみんなで話し合ったうえで，それをレジュメにするという限定された意味での当番制にしてほしい。良い研究にするために意見を出し合ったり，議論したりすることは大事なことである。「今週先生たちに言われたことを参考にして，来週までにあなたが新しいレジュメ作って，担当の先生とやりとりしておいて。今週はあなたが当番だから」などといった誰か1人に任せるようなことをすると，自分以外の人間が当番のときのレジュメについて先生方からいろいろコメントを出されても，自分が考えたことではないから十分に理解できないという可能性もある。また，1人では思いつかないことでも皆で話し合うことで良いアイディアが浮かぶということもある。グループで話し合って，レジュメを作り，グループのメンバー全員がその内容を理解しておく，ということを大事にしてほしい。またグループを代表してプレゼンテーションをする人間が，グループで行う研究の内容を理解しないまま，レジュメを棒読みするというようなことがないようにしてほしい。

自分たち以外が読むのだということを意識してレジュメを作成する

　レジュメの中での文章の問題であるが，思いつきやアイディアについては，それを文章にしたとき，思いついた本人もしくは本人たちには理解できても，他の人には理解できないこともある。思いつきやアイディアを書くときは，まずは箇条書きでもよい。その箇条書きを似たようなアイディアが近くに来るように並べ替えたり，箇条書きでは説明が不十分だと思われる部分に説明を追加したりしていくことで，より自分たちの考えたことがレジュメを見る相手に伝わりやすくなるだろう。

　また，何かを説明しようとして考えたことを文章としてどんどん書いていくと，他人が読む文章としては冗長になることもある。一度書いてそれでよしとするのではなく，必ず読み直し

て，十分に考えが伝わる内容でありながらも簡潔な文章にすることが望ましい。

　基本的に誤字脱字や主語と述語の対応がない文章やあまりに冗長な文章が多いレジュメは，厳しく言うと，「他人に読んでもらうレベルに達していない」といえる。アイディアや思いついたことを書き出す段階では，誤字脱字や，主語述語の対応はそれほど意識しなくてもかまわない。しかし，文字，文章や図を介して自分たちのしようとする（した）研究を他人に伝える段階では，読みやすく，伝わりやすくする工夫はするべきである。文章の主語述語が対応していない，誤字脱字が多い，というような文章は，その文章を日本語として理解するのに労力および能力をさくことになる。そのため，教員側の理解も浅くなってしまいがちである。きちんとした指導を受けるためにも，授業で多くのものを得るためにも，きちんとした文章のレジュメを作ってほしい。

　文章表現は繰り返していく中で上達していくものであり，個人差もあるとは思う。しかし，現時点で不得意であったとしても，上達のためには自分たちのベストを尽くして書く，他人の書いた文章を文章の内容ではなく文章の表現を意識しながら読む，といった経験を繰り返すしかない。レジュメでわかりやすい日本語の文章を書くというのは苦痛を伴う作業になるかもしれないが，文章で表現する能力の上達のための苦労だと思って努力してほしい。

「やってきてください」と言われたことはきちんとやる

　レジュメの作成に限らず，先行研究を調べてコピーしてくる，先行研究を読んでまとめる，項目案を出す，アイディアを考えてくるなど，ここで想定している授業でのすべてに当てはまることだが，教員から「やってきてください」と言われたことはきちんとやってきてほしい。教員たちは，授業中はみなさんのレジュメを読みプレゼンテーションを聞いたうえで，「こういうテーマで研究をするならば，このような方向性で研究を進めてはどうだろう？」と意見を述べる。または，最後のレポートが完成するスケジュールを考慮して，この週はここまでやってもらわねばならない，という作業の目安を示す。つまり教員に「次回までに（もしくは，次回発表のレジュメを前もって見せてくれるときまでに）ここまでやってください」と示された作業をやらないでいると，どんどん作業は遅れていく。さらに，授業の回を重ねるごとにその回までにすべき要求水準はあがっていく。前の回までに示した要求はできているものとして，次の回の準備が求められるのである。

　「次回までにAについて考え，Bという作業をやっておいてください。その次の回はそこまでできていることをもとに，Cについて考え，Dという作業をやってください」という連続を半期の間続けて，やっと皆さんの最終レポートは完成する。「やってきてください」と言われたことを後回しにするとどうなるか考えてほしい。その次の回は前の回にやらなかったことを済ませたうえで次の課題をやることが求められる。そのような負荷がかかることは教員側も想定していないし，そのような2回分の作業を1回で処理するような負荷にみなさんが耐えられるものかどうかもわからない。

　他のグループよりも1回分遅れたら，どこかで追いつかなければ，最後まで他のグループよりも遅れながらついていくということになる。筆者の経験上，この授業で調査の前や最終レポートの提出期限の前に時間が足りなくなるのは，途中で教員から言われたことができなかった，もしくは担当の教員から発表に向けて事前の指導を受けない回があったグループであることが多い。きちんと言われたことはやる，というのは発表に向けての心構え，というだけでなく，授業の進行上，半期にわたって常に受講生に求められる心構えであると理解してほしい。「言われたことをきちんとやる」ということは実際にやってみるとかなり難しい。だが，それをしなければこの授業でのみなさんの十分な成長は見込めないものと思う。楽ではないが，がんばってほしい。

構想発表にあたって

相手に伝えたいことが伝わる発表を心がける

　レジュメを完成させ，人数分印刷したら，次は授業での構想発表である。教員と他のグループの受講生はみなさんが配布したレジュメと話した内容からみなさんがどのような研究をしようとしているのかを理解しようとしているにすぎない。発表でグループの考えたことを表現できていないのであれば，それはレジュメとしてもプレゼンテーションとしても不十分なものである。そのような不十分な発表に対する教員のコメントは，みなさんの考えからすると見当違いのものになるかもしれない。みなさんの考えを十分に理解しないままされる教員からの見当違いなコメントは，みなさんとしても受け入れがたいであろうし，不十分なプレゼンテーションと見当違いなコメントのやりとりは研究を進めていくうえで時間の無駄につながる可能性が高い。アイディアの問題ではなく，うまくプレゼンテーションができていないという問題で研究が進まないのならば，そのアイディアについてあきらめるのではなく，きちんと伝わるようなレジュメを用意して，プレゼンテーションの順番や方法を再検討したうえで，再度プレゼンテーションをしてほしい。面白いことを思いついているようにみえるのに，それがうまく表現できなかったということが原因で，日の目を見ることがないアイディアも多いのである。

　みなさんがレジュメとプレゼンテーションを通じて自分たちが考えたことを相手に伝える際に一番大事なのは，みなさんのレジュメを読み，話を聞いた人間が頭の中に抱くイメージである。みなさんはグループの研究についてずっと考えているので，当たり前のように思えることが研究を進めていくにつれて増えていく。しかし，その研究の話を初めて，もしくは久しぶりに聞く教員や他の受講生には当たり前でないこともある。レジュメと話す内容を利用して，話を聞いている人間の頭に伝えたいイメージを伝えなければならない。そう考えたときにどのようなレジュメを用意し，どのような内容を話せばいいのか，よく考えてから発表に臨んでほしい。

レジュメに沿って発表する

　視覚と聴覚の刺激（レジュメに書いてあることと話す内容）に整合性がある方が理解が容易である，という話はレジュメの作成についての話の中でふれた。レジュメはプレゼンテーションおよび研究の内容，進捗状況を過不足なく説明するものであってほしい。さらに，プレゼンテーションを行う際には，レジュメの内容に沿う形で発表することが好ましい。授業が進むにつれ，レジュメのすべてについて話をする時間がない中で前回の発表から変更し，進展させた部分についてのみプレゼンテーションをする場合も出てくる。そのような場合にもレジュメのどの辺りについて話をするのか，または話をしているのかを，常に明確に示すことで，プレゼンテーションを聞いている人間は視覚と聴覚の両方でプレゼンテーションの内容を受け取ることができる。そうなるように心がけてほしい。

話すスピードや量の問題

　話すスピードや一度に話す量に関しても，発表を聞いている教員や他のグループの受講生がどのように理解しているかを考えて，より適切なスピードや量にしてほしい。話を聞く人にとっては，発表者がよどみなく一気にたくさんのことを話すよりも，ポイントを押さえながら，話すほうが理解しやすい。話している本人はわかっていることでも，話を聞く人はわかっていないこともある。発表の際の話すスピードは，発表者が話せるスピードではなく，レジュメを読み，その内容を理解しながら話を聞いている人がわかるスピードで，話す量は，全部まとめ

てではなく話を聞いた人が1つ1つを理解，確認しながらついていける量で区切りながら，話すよう心がけてほしい。また，話しているとだんだん早口になるので，聞いている人の顔（反応）を見ながら意識してゆっくり話すぐらいがちょうどよいだろう。

他のグループのプレゼンテーションとそれに対する教員からのコメントについて

複数のグループが順にプレゼンテーションを行い，コメントを受けることもあるだろう。授業の開始時に全グループのレジュメが配布済みであり，受講生のみなさんは他のグループの発表については，そのグループのレジュメを見ながら，プレゼンテーションを見聞きすることになる。そして，それに対して教員からコメントが出される。他のグループの構想発表は「自分たちに関係のない無駄な時間」ではない。他のグループの構想発表の際に，以下のような点を意識しているだけで，有意義な時間になる。

1つめは他のグループの構想発表とそれに対するコメントから，自分たちのグループが研究を進めていくうえで今後何に気をつけないといけないのかを理解することである。研究テーマは違うとしても，基本となる考え方は大きく異なるものではない。他のグループで注意すべき点は自分たちも注意すべき点であることが多い。たとえば先行研究の引用の仕方や結果の書き方，質問項目の文章表現，その他多くの点にすべてのグループに共通して気をつけるべき点はある。

2つめは自分たちの研究のヒントになりそうなアイディアや先行研究がないか，他のグループのプレゼンテーションを受けながら，常に検討してほしい。自分ならどう考えるか，自分ならこの後のどのように研究を進めるか，これらの点について考えるだけでも，研究する能力は鍛えられるだろう。

3つめは他のグループの進捗状況とそれに対する教員のコメントからも，自分たちのグループは順調に進捗しているのか，というペースをつかむことである。ただし，それは相対的な進捗状況の違いであって，すべてのグループが予定よりずいぶん遅れるということもあり得るので，教員の進捗状況に関するコメントについても注意を向けてもらいたい。

そして，他のグループのプレゼンテーションを受ける中で，わかりやすいプレゼンテーションとはどのようなプレゼンテーションなのか，次回の自分たちのプレゼンテーションはどのような点に気をつければよいか，などプレゼンテーションの技術についても考えてほしい。

以上のように，他のグループのプレゼンテーションおよびそれに対するコメントは決して他人ごととして無視できるものではない。自分のグループの発表についてのコメントをメモするのはもちろんのこと，他のグループの発表についてのコメントもメモをして，自分たちの研究の進展に活かせる部分は活かしてほしい。

次の構想発表にむけて

プレゼンテーションに対するコメントを活かす

プレゼンテーションのあと，教員からコメントがなされる。そのコメントは，発表の内容に関する質問，今後進めるべき研究の方向性についての助言，レジュメの書き方について具体的に直すべきポイントなど内容はさまざまであろう。これらはすべて参考にして，研究を進めるために活かしてほしい。コメントには具体的な作業の指示や，考えるべき問いかけなどいろいろなものがある。具体的な作業の指示はできるだけ早く，遅くとも次回の発表までに言われたとおりにやってきてほしい。また，具体的な作業の指示ではないコメントについてもきちんと対応してほしい。抽象的なコメントで，何をどのようにすればいいかわからない，もしくはコメントは具体的なのだが，それに対してどのように対応すればいいのかわからない，というこ

ともあるかもしれない。そのように，どうすればいいのかわからないということであれば，そのコメントをした教員に質問する，もしくは，グループを担当する教員に助言を求めるなどの対応が必要である。わからないからそのままにする，わからない指示は無視する，などの対応はしてはならない。

教員からのコメントの受け止め方

　基本的に，このような授業ではほめてもらえる機会は少ないと思っていてほしい。しかし，なかなかほめてもらえないからといって卑屈になることはない。ただし教員の言葉は謙虚に受け止めてほしい。ほめてもらえないのは，この授業の中で受講生に高い水準にまで成長することを教員が求めているからである。受講生が一生懸命やったのに，教員の反応は，それで当然，もしくはまだ足りない，と言われるようなことはこうした授業においては多いであろう。「あれだけ一生懸命やったのに，先生たちはほめてくれなかった」という思いを繰り返しすることと思う。そして一生懸命やらなかったら，「この1週間何をしていたのか？」と真顔で聞かれて困惑することもあるだろう。教員は基本的に，この半期の授業が終わるときにどこまで成長しているかを一番重要視している。そのため，ここまでやってほしいという指示に沿った進行の状態ではほめてはもらえないのである。だから，教員にほめられないからといって自分たちの研究はだめなのだと思う必要はない。もし半期の間ずっとがんばり続けて，最後に「この半期間よくがんばりましたね」と教員からコメントされたら，もしくは研究の構想について「おもしろいことを考えている」と教員からコメントされたら，自分たちはかなりがんばったんだな，と思うぐらいの意識でいてほしい。

　最終的に研究としてよりよいものを完成させるためには，そして一定のレベルを超えた「きちんとした」研究を体験するためには，学生にとっては要求水準が高いと感じるような（厳しい）指摘も必要だということと，厳しい指摘を受けるのは，ここをこうすればもっとよくなるということが明確だからであって，指摘されることはよいことだということを理解してほしい。ただし，レジュメの書き方，引用文献やTable，Figureの書き方など，決まったルールがあることについて何度も同じことを繰り返し指摘されているのは問題外である。

　また，「今回はよくがんばっていた」とほめられたとしても，それはあくまで「今回」の話であって，次回の発表の準備の手を抜いていいという話ではない。ほめられても最後まで気を抜かず，がんばってほしい。

コメントを活かした研究の方向性の修正

　グループの研究についての構想発表に対して，「ここがだめ」と部分的に修正すべきポイントについて教員が指摘すると，その回の研究のアイディアのすべてをなかったことにして最初から考え始めることが時として起きる。教員の目から見ると，前のアイディアには，よかった部分もあり，そのよさを活かして研究を進めるために，部分的な修正ポイントの指摘がなされたのであるが，学生のみなさんからすると，教員から批判されたのであるから，一から考え直す必要があると思うのかもしれない。

　研究を進めていく前提として理解しておいてほしいのは「研究に正解はない」ということである。教員から研究の方向性について厳しいコメントをされたとしても，何か正解があって，そのグループのアイディアがそれでなかったのであるから，修正するように求められるのではない。教員のコメントは具体的なレジュメの書き方など，決まったルールがあるものについてでなければ，「そのテーマで研究をするのであれば，こうすれば研究としてより具体性を増す（もしくは可能性が広がる）と思うのだが，どうだろう？」という提案だと思ってほしい。

　また，教員からの厳しいコメントがなされたとしても，そのコメントが研究の方向性につい

て，根本的に考え直すような指示でなければ，基本の方向性は変える必要はない。もし，グループの話し合いの中でどうしても変えたい，という意見が多いのであれば，それはそのグループを担当する教員と相談してから変えるようにしてほしい。

　自分たちのアイディアが教員から批判される，ということを耐え難いと感じる人もいるかもしれない。これは，ある意味，他人から批判されることに慣れなければならないという問題なのかもしれない。ただひとつ信じてほしいことは，教員は受講生のみなさんが成長してくれることを望んでいるし，みなさんやみなさんのプライドを傷つけることが目的でコメントするのではない。成長してほしい，面白い研究を体験してほしい，と思うからこそ，厳しいことを言ったり要求したりするのである。

教員のコメントをヒントにし，自分たちで考える

　研究を進めていく中で，必ずやるべき具体的な作業内容については，教員から具体的な指示が出る。しかし，どのような概念を扱うか，どのような下位尺度を想定するか，などについては，教員からのコメントは具体的な命令ではないことが多い。そして，アイディアを練る段階で教員がコメントをしたような場合，時として受講生から「じゃあ，どうすればいいんですか？　教えてください」という反応が見られる。だが，そこで具体的なアイディアを教員から出すことは受講生のみなさんのためにはならない。教員がアイディアを出し，みなさんがそのアイディアに従って研究するという状態になってしまうと，受講生がグループで考えた自分たちの研究ではなく，教員のアイディアを実体化するための作業をしているだけに過ぎなくなるからである。さまざまな視点から自分たちで考えて，自分たちが興味をもてる内容を扱う研究をしてほしい。

　そうはいってもアイディアを練ってプレゼンテーションをし，教員からコメントを受けることを繰り返していく中でどうすればいいのかわからなくなることもあるだろう。そのような場合は，教員に質問に行くとよい。ただし，教員から研究の方向性や扱う概念についてのアドバイスを受けることは，考えるためのヒントなのだと思っていてほしい。

　扱う概念を何にするかなどの研究の方向性については自分たちで考えるべきである。しかしこれは，教員の言うことを聞かなくていい，という話ではない。教員はこれまでの研究生活の中でさまざまなノウハウをもっている。そのため，研究を進めていくにあたっては，教員の言うことも聞きながら，自分たちのやりたいこと，言いたいこともきちんと主張し，自分たちのグループでの話し合いだけでなく，授業を担当する教員も含めた話し合いの中で進むべき道を探してほしい。なお，研究の方向性についての教員のコメントはあくまで助言であって絶対的な命令ではないのと同様に，研究の方向性についてのみなさんの主張もすべてとおる訳ではないことは理解しておいてほしい。

おわりに

　レジュメを書くのが大変だ，面倒くさい，この授業は大変だ，つらいという感想は毎年受講生から聞かれる。しかし，レジュメを繰り返し書き，最終レポートまで完成させることは単に面倒くさいだけの作業ではない。自分たちの考えが理路整然と述べられるようになっていくことのすばらしさを感じてほしい。それができるようになっていくと，社会に出てからも自分の思いついたアイディアで人を納得させられるようになったり，その結果として自分のアイディアを現実のものにしたりすることができるようになるだろう。きちんとした文章が書けるようになっていく自分自身の成長の過程は楽ではないが，努力を続けてほしい。

　新たなアイディアを出し，それを相手に伝わるように表現するということは，頭を使うとい

う意味では同じだが，受験勉強とは大きく異なる頭の使い方をすることになる。受講生にとっては慣れていないことであろうし，苦労も多いと思う。しかし，これを乗り越えることで，心理学的なものの見方，考え方を身につけることができる。あきらめずにがんばってほしい。

　また，「三人寄れば文殊の知恵」ともいう。「一緒に苦労した友人は長い友人になる」ともいう。グループで協力することを面倒くさがらないで，グループでの共同作業の良さを活かしてがんばって良い経験をしてほしい。

4 親和動機尺度

　わたしたち人間は，日常生活の中で，仲間とのコミュニケーションや，グループとの交わりを，しばしば積極的に行っている。こうした行動の背景として，わたしたちの内面には，他者と友好的な関係になり，その関係を維持しようとする動機があるからだと考えられる。この動機は，親和動機とよばれている。

　さて親和動機は，他者と親しくありたいという積極的な思いによって支えられているだけではなく，「拒否されたくない」という，自分らしさの表出を抑えることに結びつく気持ちにも支えられている。杉浦（2000）は，こうした点を踏まえて，親和動機には，次の2つの性質があるとしている。ひとつは，他者からの拒否に対して，恐れの要素をもつ「拒否不安」で，もうひとつは，拒否に対する恐れや不安なしに，人と一緒にいたいと考える「親和傾向」である。

　杉浦（2000）は，親和動機のこうした性質を考慮して，親和動機尺度を作成している。この尺度は，「拒否不安」「親和傾向」を測定する2つの下位尺度で構成され，各9項目で計18項目によりなりたっている。「拒否不安尺度」は，「仲間から浮いているように見られたくない」「どんなときでも相手の機嫌を損ねたくない」「できるだけ敵は作りたくない」「友達と対立しないように注意している」といった項目を含んでいる。「親和傾向尺度」は，「人とつきあうのが好きだ」「友人とは本音で話せる関係でいたい」「友達には自分の考えていることを伝えたい」「人と深く知り合いたい」といった項目を含んでいる。各項目への回答は，「あてはまる（5点）」「ややあてはまる（4点）」「どちらともいえない（3点）」「あまりあてはまらない（2点）」「あてはまらない（1点）」の5件法で行われる形式となっている。

　杉浦（2000）の研究では，親和動機尺度を用いて，中学生，高校生，大学生の男女を対象に，親和動機と対人的疎外感（対人的関わりの中で生じる孤独感や不信感）ならびに自我同一性混乱（自我同一性ができていない状態）との関連を検討している。その結果，中学生男子を例外として，拒否不安が高いと対人的疎外感も高く，親和傾向が高いと対人的疎外感が低いことを明らかにしている。中学生男子においては，拒否不安が高いほど対人的疎外感が低く，親和傾向は対人的疎外感とはあまり関係がみられなかったことを示している。また，大学生女子において，拒否不安が高いほど，自我同一性混乱を示す傾向があること，ならびに中学生女子および高校生男子において，親和傾向が高いほど，同一性混乱を示さない傾向があることを明らかにしている。

（西口利文）

文　献

杉浦　健（2000）．2つの親和動機と対人的疎外感との関係―その発達的変化―　教育心理学研究, **48**, 352-360.

5 先行研究を調べる

　どんな研究でも，自分が何に関心をもっていて，何を知りたいのかを明確にすることから始まる。前の2つの章ではその明確化のために有効となるプロセスについて述べられたわけであるが，たとえアイディアや構想の輪郭がはっきりしてきたとしても，すぐに調査を実施できるわけではない。たとえば，「調査したところ，これこれの結果が得られた」ということから，当初自分が知りたかったことがわかったとしよう。しかし，そのような結果はすでに知られた事柄であるかもしれない（ただし，このことは追試研究が無意味であるということではないので注意しよう）。また，方法論上の問題があったりすると，せっかくの努力にもかかわらず研究としての意味もほとんどなくなってしまうだろう。

　本章以降，構想の段階からより具体的な調査研究へと進行するためのプロセスが述べられる。この章では，膨らんできたアイディアや構想を1つの研究テーマとして位置づけるために必要となるプロセスである「先行研究の調べ方」について論じる。また，自分が行った調査がこれまでの研究とどのように関連しているのかについて論じられていなければ「調査研究（のレポート）」とはいえない。したがって，必然的にレポートには先行研究についてのさまざまな情報（たとえば，著者，先行研究における仮説，本文の一部）が引用されることになる。論文やレポートでは，その出典を明らかにしておかなければならず，その引用の仕方も一定の「慣行」があり，それを守ることが要求される。そこで，本章の後半では，「本文中への引用の仕方」と「文献リストの記述方法」について説明する。

先行研究の調べ方

キーワードは何か？

　先行研究を調べる第一歩は，自分が調べたい事柄（リサーチ・クエスチョンとよばれる）や概念に関連する専門用語やキーワードを知ることである。これは，あまりに基本的であるので「言われるまでもない」と思われるかもしれない。授業を聞いているときやテキストを読んでいるときにリサーチ・クエスチョンが思い浮かんだ場合，それに関連する用語やキーワードはきわめて容易に知ることができる。

　しかし，リサーチ・クエスチョンが日常の生活経験に基づいている場合，すなわち，普段の生活の中で「このような行動はどういう心理的な特性に関係があるのだろう」といった素朴な疑問に由来する場合，関連しそうな用語から文献を探そうとしても，うまく見つからないことがある。たとえば，普段の生活において「几帳面な人とそうでない人は他にも異なるような特性があるのだろうか」と疑問を抱いたとしよう。そこで，「几帳面」をキーワードとして文献を探そうと試みる。しかし，すぐに「几帳面」を取り扱った先行研究は見つからないという事態に直面するだろう。前向きにとらえれば，これまで心理学研究で見逃されてきたテーマであり，取り組む価値があるということなのかもしれない。

　とはいえ，参考文献なしの状態では1つの研究として成立しない。たとえ関心をもったテー

マがこれまでには見逃されていたものであっても「実際に取り扱われてきた関連するテーマ」を見つけ，それと対比させることで自分の研究の位置づけや意義を明確にする必要がある。先の例でいえば，几帳面は「物事をすみずみまで気をつけ，きちんとする性格特性」であると考えられるが，この性格特性の内容をよく吟味することによって，几帳面とある程度共通した側面をもつ概念を見つけることができる。たとえば，几帳面すぎるという状況を想像すると「こまごまと気に病む性質」，言い換えると「神経質あるいは神経症傾向」という概念が几帳面と類似しており，さらに「神経質」をキーワードとすれば，多くの先行研究が存在することがわかるであろう。

このように，リサーチ・クエスチョンから浮かび上がるキーワードから直接的に先行研究が見つからなくても，そのキーワードの意味を絞ったり誇張したりすることによって類似の構成概念が見つかり，先行研究を探す手がかりを得ることができる。

さまざまな情報源

何らかの資料を得るために図書館に足を運ぶというのは今も昔も変わらない作業であるが，今ではコンピュータを用いてさまざまな蔵書検索を行うことができる（図書館には図書目録が設置されているが，それを使って蔵書を調べる人はほとんどいないかもしれない）。ここでは，文献を手に入れるために有用な情報源について簡単に紹介する。

1) 書籍　図書館には入門書から専門書までさまざまな本がある。キーワードがわかっていれば，図書館のホームページから蔵書検索を行うことができる。キーワードによっては該当する本が見つからないこともある。しかし，そういった場合でも「心理学」の分野の本が配置されているコーナーに行き，本をパラパラと眺めたり「索引」を調べてみたりするなど「アナログ」的方法で適当な本を見つけることができる。

2) 学術雑誌（journal）　学術雑誌は，研究者が自分の研究を示す主な手段であると同時に，研究のための情報源でもある。最近は，大規模なデータベースによる検索サービスが提供されていることが多く，非常に便利である。たとえば，心理学に関する代表的なデータベース「PsycINFO」や医学文献データベース「MEDLINE」などがある。このようなデータベースを利用することによって，先行研究の「ありか」を知ることができる。最近では，電子ファイル（多くはPDF形式のファイル）として論文をダウンロードすることもできるようになっている。もしPDFファイルとしてダウンロードが可能な学術雑誌（電子ジャーナルとよばれる）であれば，自分のコンピュータ上で読んだり，印刷したりすることができるので非常に便利である。利用については各大学図書館の利用案内を参照願いたい。

また，適当な文献が手に入ると，その文献の末尾にある引用文献リストを見て，さらに参考にすべき文献を選ぶという探し方もある。その意味で，比較的最近の論文や専門書，特定のテーマについて関連する文献を網羅的に紹介している「展望論文あるいはレビュー論文」が大変役に立つ。

しかし，欲しい文献が掲載されている雑誌や本が図書館にないということもあり得る。そういう場合は「NACSIS Webcat」など国内の図書館の所蔵を調べることができる検索サービスを利用して，当該の文献を所蔵している図書館から取り寄せることもできる（文献のコピーを請求することもできる）。なお，文献の取り寄せやコピーには多少の費用がかかることは承知しておかなければならない。このような利用についても各大学図書館の利用案内を参照願いたい。

3) インターネット　文献検索に限らず，映画やレストラン，旅行など何らかの情報を得るためにインターネットを利用する人は多いのではないだろうか。キーワードがわかっている限り，さまざまなサーチ・エンジンを用いて，関連しそうな多くのホームページを閲覧するこ

とが可能である。最近では，学術雑誌や本として刊行されているもの以外にも「正当と思われるホームページ」を文献として引用することも増えてきている。大事なことは「正当と思われる」という部分である。

現在では誰もがホームページを作成することができるわけであるが，そのため，その提供されている情報が正しく公平であるという保証はない。また，不定期に更新され，あったはずの文章が削除されてしまうこともある。インターネット上の文章は学術論文と異なり「無審査」で個人名が特定できないものが多い。したがって，1つの文献として引用するためには少なくとも「誰がホームページを作成しているか」，つまり情報に関して責任の所在がはっきりしている必要がある。その点で，大学や各種専門機関が運営しているサイトであれば，正確な情報を得られる可能性は高い。しかし，その場合でも何らかの理由でホームページの内容が削除される恐れもあるので，念のためプリントアウトして，それを閲覧した日時について記録をとっておいた方がよい。

ところで，個人名が特定できないようなホームページの情報であっても，それを参考にして別の文献を探す「きっかけ」にすることは可能であろう。そのまま引用することは決してせず，掲載されている情報の中に出典が明確になっているものがあれば，それを直接自分の目で確認する作業を行えばよい。それによって，「正当と思われるか否か」を知ることができるのである。結局，インターネットを利用した情報検索においては，情報を受信する側に「情報の正確さ」に対する敏感な態度が要求されるのである。

関連文献の整理の仕方

先行研究を本格的に調べていくと，その情報量はだんだんと増えていくが，調べた先行研究をすべてレポートに含めなければならないわけではない。取り扱うテーマに関して，首尾一貫するようにレポートを構成しなければならない。そのためには，レポートを作成する際に，どの文献がどういう情報を提供しているのかをしっかりと把握しておく必要がある。そこで，調べた文献の内容をコンパクトにまとめたメモを作成しておくと，レポート作成に役立つであろう。

メモとして，「著者とタイトル」「出典」「被験者の属性」「仮説」「実験計画」「仮説の支持・不支持」「考察のポイント」など，その論文で最も重要な部分を書き出しておくと，複数のメモを眺めながら，どういう流れで先行研究についてふれるか検討することができ，レポート構成のための手助けになる。また，自分のリサーチ・クエスチョンに直接関係するかどうかの判断もしやすくなる。さらに，文献を読んでみて生じた疑問点も書いておけば，自分が行おうとする調査の観点と先行研究を対比的にとらえるポイントとして役立つかもしれない。

何にメモするかは特に重要ではないかもしれないが，たとえば，名刺のようなカードを用いると，机の上にいくつかのカードを配置することによって，ある仮説について支持するものと支持していないものを分類したり，レポートに引用するのに適当と思われる文献の取捨選択を行ったりすることもできる。もちろん，自分のパソコンを使ってメモを作成して，同様の分類作業をパソコン上で行ってもかまわない。いずれにせよ，メモという一種の「外部記憶」を用意すれば，それは自分の記憶補助の役割を果たすことと同時に，レポートをまとまりよくするためのツールとしても有用であるということである。

文中への引用の仕方

先行研究の成果や知見を引用する場合，それが引用であることを明確に示さなければならない。もしそれをしなければ，読者はその考えや主張を著者自身のものであると判断する。しか

し，それは「偽り」であるため「盗用・剽窃」とみなされることにもなりかねない。また，ある研究者の主張や記述を自分自身の言葉で言い換えたとしても，やはりその考えのもとになった出典を明記しなければならない。つまり，本文中では，どこからどこまでの主張が引用に基づくものであり，どこからどこまでが自分の考えた事柄であるかを明確に書くことが重要となる。

　ここでは，本文中に引用する際の基本的な書き方について説明する。引用の仕方には一定のルールがあるが，それほど難しくはないだろう。なお，より本格的な引用の仕方については，日本心理学会が作成した「2005年版執筆・投稿の手びき〈修正版〉」を参照されたい（日本心理学会ホームページ〈http://www.psych.or.jp/〉からPDFファイルとしてダウンロードできる）。

著者名と出版年が基本

　引用において欠かせない情報は，その著者の姓と出版年である。書き方として次の2つの形式がある。
①本文中に文章として入れる場合
　　"和田（1996）は……と表現している。"，"Goffman（1955）は……と定義している。"
②括弧内に文献を示す場合
　　"……である（五味, 1997）。"，"……が報告されている（Scheier, 1980）。"
　　"○○尺度（竹内, 1992）では……"
　次項以降で共著の引用の仕方を説明するが，その前に著者の人数に関係なく適用される基本的な書き方を列挙しておく。
③著者は異なるのだが，同一姓，同一年の文献を引用しなければならない場合，混同の恐れがあるので，欧名であればイニシャル，日本名であれば名を添える。
　　"J. R. Anderson（1983）"，"（南　博, 1980）"
④引用する文献の中に同じ年で同一著者によるものがある場合には，"2000a"や"2000b"のように，出版年の直後にアルファベットの小文字a, b, ……を添える。なお，このアルファベットは後で述べる引用文献リストにも用い，本文中での引用と正確に対応するようにしなければならない。
⑤本文中の同一箇所で複数の文献を引用する場合，括弧内に著者の姓をアルファベット順にセミコロン（;）で区切り，同一著者の文献が複数含まれる場合は出版年順に並べてカンマで区切る。
　　"（Bowlby, 1982; 福岡, 1997; 柴橋, 1998, 2004; 吉崎, 1979）"

共著：著者が2人の場合

　著者が2人である文献を引用する場合は，引用するごとに両著者の姓を書く。日本語文献の場合は"・"，欧文文献の場合は"&"を用いる。
　　"石橋・新田（1987）によると……"，"Buss & Perry（1992）は……"
　　"……とされる（永野・野口, 1999）。"，"……である（McCrae & Costa, 1987）。"

共著：著者が3人以上の場合

　著者が3人以上の場合は，初出の際には全著者の姓を書くが，2度目以降の引用では第1著者の姓を含めた省略形にする。日本語であれば"他"を，欧語であれば"et al."を用いる。
①初出
　　"高橋・大橋・芳賀（1989）によると，……"

"Argyle, Salter, Nicholson, & Burgess（1970）は，……"
"……である（Millar, Tesser, & Millar, 1988）。"
② 2 度目以降
"高橋他（1989）は……"，"Argyle et al.（1970）は……"，"……である（Millar et al., 1988）。"

翻訳書の引用
原典ではなくその翻訳書を引用する場合は，原典の著者名と出版年を示すが，さらに翻訳者とその出版年を付ける。
"Eco（1977 谷口訳 1991）は……"，"……である（Eco, 1977 谷口訳 1991）。"

文章の引用
通常，先行研究の成果や知見について，意味を歪めることなく自分の言葉で書き表すことが大切であるが，「原典の表現こそが非常に重要である」場合や，著者のそのままの表現で自分の結論を支持する必要がある場合は，文章をそのまま引用することがある。ただし，その引用は簡潔であることが求められる。文章の引用の仕方にはいくつかのルールがあるが，ここでは最も単純なものだけを挙げておく。
①原文（あるいは訳文）の通りに引用しなければならない。
②引用文は別行にせずに本文に続けて，二重引用符（" "）で囲む。
③引用文のある文献の情報として，著者の姓，出版年，記載ページを書き添える。
"○○……（Einstein & Infeld, 1938 石原訳 1963, p.86）。"
記載ページが複数にわたる場合はその範囲を"pp.150-151"のように書く。

文献リストの記述方法

「先行研究の調べ方」のところで，ある文献に書かれている引用文献のリストを用いて，参考になる文献を探す方法について触れた。文献を読んで，自分のリサーチ・クエスチョンに関連しそうな別の文献を引用文献リストで見つけることができる。論文や専門書には，本文で引用されている文献はすべて引用文献のリストとして最後にまとめて記述されている。つまり，引用文献のリストは，引用文献の出典を正確に示し，読者が検索・参照できるように配慮された重要な構成箇所である。この部分は，調査レポートにも求められる。

この節では，引用文献リストの記述方法についてまとめておく。書き方には非常に多くのルールがあるが，その詳細については日本心理学会発行の「執筆・投稿の手びき」を参照してもらい，ここでは「レポート作成において当面は困らない」程度のごく基本的な書き方の紹介にとどめておくことにする。まず，引用文献の配置についての約束事について簡潔に述べ，その後に引用文献の種類ごとにその書き方を紹介する。

引用文献の配置
引用文献リストには当然ながら，複数の文献が並ぶわけであるが，この並び方には一定の秩序が求められる。次に紹介する「3 原則」は，引用文献リストの配置について「優先度の高い」ものの順になっていることに注意されたい。
①第 1 著者の姓に基づくアルファベット順に配列することが原則である。同姓の者が複数いる場合は，「名」のアルファベット順に配列する。例えば，"Smith, A. D."と"Smith, S. M."では前者が先になる。このように，欧名であっても「姓，名」の順に名前を書くことに注意

しなければならない。
② 同一著者が先頭になっている文献が複数ある場合，単著の文献を先に配置する。たとえば，"三隅二不二（2003）."と"三隅二不二・吉崎静夫・篠原しのぶ（1997）."では前者が先になる。なお，共著はさらに，第2著者の姓によるアルファベット順で配置される。第2著者の姓によっても配置順が決定できない場合は，第3著者の姓によるアルファベット順で配置される（それでも配置順が決定できない時は，第4著者の姓，第5著者の姓，……を比較して配置順を決定する）。
③ 出版年の古いものから順に配列する。

引用文献リストの配置ミスは，レポートの中でしばしば見られる。そこで，上記の3原則にしたがって次の「並び替え問題」にチャレンジしてもらいたい。

Quiz. 次の文献をリストに配置するとき，どのような順序となるか？（解答は章末）

Ekman, P., Davidson, R., & Friesen, W. V.（1990）.
小川時洋・門地里絵・菊谷麻美・鈴木直人（2000）.
Ekman, P.（1992）.
Freud, S.（1964）.
Ekman, P.（1965）.
Ekman, P., & Friesen, W. V.（1978）.

学術論文

引用文献の書き方のうち，最も単純なのは論文の場合である。いくつか例を挙げるが，配置順序はとりあえず無視して，個々の文献の書き方に着目していただきたい。

上野行良・上瀬由美子・松井　豊・福富　護（1994）．青年期の交友関係における同調と心理的距離　教育心理学研究, **42**, 21-28.

McCrae, R. R., & Costa, P. T.（1987）. Validation of the five-factor model of personality across instruments and observers. *Journal of Personality and Social Psychology*, **52**, 81-90.

論文の場合，例にあるように，「著者名，年，論文タイトル，雑誌名，巻，ページ範囲」の順で記載する。日本語文献の場合は，共著であれば"・"で著者を並べればよく，ピリオド（.）は発表年とページ範囲の後ろだけにつける。一方，欧語文献の場合は，雑誌名は斜体にし，さらに，「たとえ著者が2人であっても」共著であれば"&"の直前の著者名の直後にカンマ（,）をつけなければならない（本文中での引用の仕方と異なることに注意）。雑誌の巻号は太字にすることは共通である。

また，論文とよく似た書き方をするものとして，紀要論文や学会発表の論文集・抄録集からの引用がある。

谷　直樹（1987）．方向音痴の研究Ⅲ―心的回転速度とYG性格検査との関連　日本心理学会第51回大会発表論文集, 204.

書　籍

論文と異なり，書籍にはさまざまな形式があるため，それに応じた書き方がある。

1）編集書・監修書　複数の執筆者がそれぞれ各論を担当し，編集者が存在する本の場合，一般には次のような書き方がなされる。

White, L., Tursky, B., & Schwartz, G.（Eds.）（1985）. *Placebo: Theory, research, and mechanism*. New York: Guilford.

　　　　佐伯　胖・松原　望（編）（2000）．実践としての統計学　東京大学出版会

このように，本1冊を引用対象とした場合は，「編者名，出版年，本のタイトル，出版社名」の順で記載するが，「和文書籍の場合は出版社名の直後にはピリオドはつけない」ことに注意されたい。また，欧文書籍の編集者が1人の場合は"Eds."のところを"Ed."とする。

ただ，編集書・監修書の場合はむしろその「特定の1章」を引用することも多い。その場合は次のように表す。

　　　　Printz, W.（1987）. Ideo-motor action. In H. Heuer, & A. F. Sanders（Eds.）, *Perspectives on perception and action*. Hillsdale, NJ: Erlbaum. pp.47-76.
　　　　川野健治（1999）．テスト利用の倫理とインフォームド・コンセント　杉山憲司・堀毛一也（編）　性格研究の技法　福村出版　pp.238-243.

欧文書籍の場合は編集者の「姓名の順」に注意しなければならない。また，特定の章を引用する場合は，ページ範囲を示すことになるが，直後のピリオドは和文書籍であってもつける。

2）編集者・監修者がない単著あるいは共著書籍　　この場合は，たとえ引用した箇所が本の一部であっても，ページ範囲は記載しない。

　　　　Lazarus, R. S., & Folkman, S.（1984）. *Stress, appraisal, and coping*. New York: Springer Publishing.
　　　　相川　充・津村俊充（1996）．社会的スキルと対人関係―自己表現を援助する―　誠信書房

書籍は内容の変更や修正など改訂されることがある。同じタイトルの本であっても，旧版か改訂版かといった区別をする必要がある。その場合，タイトルの直後に版数を示せばよい。例えば，欧文書籍の場合は"*Theories of learning*. 4th ed."，和文書籍の場合は"社会統計学　改訂2版"のように版数を付す。

3）翻訳書　　翻訳書の場合，欧文書籍の書き方によって原著を表し，「インデント付きで改行された括弧内」に，カタカナ表記の著者名の後に訳者，翻訳書の出版年，タイトル，出版社名を書く。

　　　　Gottfredson, M. R., & Hirschi, T.（1990）. *A general theory of crime*. Stanford, CA: Stanford University Press.
　　　　　（ゴットフレッドソン, M. R.・ハーシー, T.　松本忠久（訳）（1996）．犯罪の基礎理論　文憲堂）

インターネット上の資料や新聞, 白書の引用

研究内容によっては，新聞記事や雑誌も重要な資料となる。また，近年ではインターネット上の情報も資料として引用されることがある（しかし，情報の正確さについては常に注意を払わなければならない）。こういった資料を引用する場合もその出典を明記しなければならないが，さらに「日付」の情報も加えておく。たとえば，新聞であれば「発行日と朝刊・夕刊の別」，インターネット上の資料の場合は「URL（ホームページのアドレス），アクセスした日」を記載する。

　　　　福井新聞（2004）．ごみ処理自治体悲鳴　7月23日朝刊
　　　　総務省統計局（2007）．平成17年度基準　消費者物価指数　総務省統計局〈http://www.stat.go.jp/data/cpi/sokuhou/tsuki/index-z.htm〉（2007年1月27日）

近年では，インターネットからもある程度情報を入手することができるようになっているが，政府の公式な調査報告書，つまり「白書」を参照する場合も依然として多い。白書の引用についても，形式的にはこれまでの書き方と違いはないといえる。

　　　　内閣府（2003）．防災白書（平成15年版）　国立印刷局

総務省（2004）．情報通信白書　ぎょうせい

　以上の書き方は，レポート作成や論文作成において最も頻度の高いものではあるが，文献にはさまざまな形式が存在するので，それに応じた書き方をしなければならない。上記に該当しないような文献は，すでに触れたが日本心理学会発行の「執筆・投稿の手びき」を参照するのがよい。また，引用文献リストの実際例として「心理学研究」や「教育心理学研究」などの学術雑誌も参考にするとよいだろう。

おわりに

　この章では，先行研究の調べ方および文献の引用の仕方について述べたが，レポート作成のためのプロセスとしては「慣行」としての要素が強いという意味で，他の章で述べられるプロセスよりも単純であるといえる（オリジナリティの高い内容のレポートは評価が高いだろうが，それはあくまでも内容に対してであって，引用文献リストのオリジナリティは求められていない）。

　また，いかなるテーマに対するレポートも，将来「先行研究」として目を通されることもあるかもしれない。それは学術雑誌に投稿するという形に限らず，たとえば，自分のレポートが大学の資料室に閲覧可能な形で保管される場合もあるだろう。その場合，将来，同様の実習を行うことになる後輩たちはそのレポートを参考にしようとすることも十分にあり得る。一分のスキもない完全無欠のレポートは誰もが書けるものではないだろうが，自分のレポートもまた「先行研究」や「レポートの書き方のための参考文献」になる可能性を考えれば，本章で述べた約束事を守ることは，レポート作成だけでなく研究の一端を担った者の「最低限の義務」であるといえよう。

Quiz の解答

　　Ekman, P.（1965）．
　　Ekman, P.（1992）．
　　Ekman, P., Davidson, R., & Friesen, W. V.（1990）．
　　Ekman, P., & Friesen, W. V.（1978）．
　　Freud, S.（1964）．
　　小川時洋・門地里絵・菊谷麻美・鈴木直人（2000）．

5 共感性尺度

　悲しい体験をして泣いている友だちを見たとき，かわいそうだなあ，大丈夫かなあと思ったり，友だちと一緒になって自分も悲しくてつらい気持ちになることがあるだろう。他者の体験する感情を見た側に，それと一致した（苦痛に対して苦痛など），あるいはそれに対応した感情的反応（苦痛に対して，かわいそう，心配するなど）が起こることを共感という（登張, 2003）。

　共感性を測定する尺度には，登張（2003）が作成した共感性尺度がある。この尺度は「共感的関心」「個人的苦痛」「ファンタジー」「気持ちの想像」の4つの下位尺度から青年の共感性を測定するものである。

　「共感的関心」尺度は，他者の状況や環境体験に対し，自分も同じような気持ちになり，他者志向の温かい気持ちをもつ程度についてであり，「困っている人がいたら助けたい」「体の不自由な人やお年寄りに何かしてあげたいと思う」など13項目からなりたっている。「個人的苦痛」尺度は，助けを必要としている他者を見たときに，自分が不安になってしまい他者の状況に対応した行動をとることができないことを示しており，「急に何かが起こると，どうしていいかわからなくなる」「まわりが感情的になっていると，どうしていいかわからなくなる」など6項目からなる。「ファンタジー」尺度は，小説を読んだり，ドラマや映画を見たりしたとき登場人物の気持ちになってしまったり，自分だったらどういう気持ちになるだろうと想像したりすることを意味しており，「小説を読むとき，登場人物の気持ちになりきってしまう」「ドラマや映画を見るとき自分も登場人物になったような気持ちで見ることが多い」など6項目からなりたっている。「気持ちの想像」尺度は，相手はどういう気持ちだろうかと想像するものであり，「誰かを批判するより前に，自分がその立場だったらどう思うか想像する」「怒っている人がいたら，どうして怒っているのだろうと想像する」など5項目から構成されている。

　教示は，「ここに書かれている文章の内容は，あなたにどのくらい当てはまるでしょうか。非常に当てはまる場合は5，やや当てはまる場合は4，どちらともいえない場合は3，あまり当てはまらない場合は2，全く当てはまらない場合は1に〇をつけてください。どれがいい答えというのはありません。とばさずに，感じたままに答えてください。」というものである。「非常に当てはまる（5点）」「やや当てはまる（4点）」「どちらともいえない（3点）」「あまり当てはまらない（2点）」「全く当てはまらない（1点）」で得点化を行う。

　登張（2003）は，中学生，高校生，大学生の共感性の発達を検討しており，大学生では，共感的関心，ファンタジー，個人的苦痛の3つの尺度で，男子よりも女子の得点が高いという性差がみられている。

（山本ちか）

文 献
登張真稲（2003）. 青年期の共感性の発達：多次元的視点による検討　発達心理学研究, **14**, 136-148.

6 問題と目的の書き方

　本章では，問題と目的をどのように書いたらよいのかについて説明したい。「問題」とは，研究を始めるきっかけや，これまでの研究の問題点，問題意識を整理したものである。また，「目的」では，研究の目的を明らかにすることが求められる。以下に，問題と目的を書くときに気をつけることを挙げよう。

文章表現の問題

　ここでは，主に文章表現に関して注意すべきことを挙げておこう。

わかりやすい文章を

　問題と目的に限ったことではないが，わかりやすく読みやすい文章を書くことを心がけよう。自分はわかりやすい文章を書いているつもりでも，読み手に伝わらないこと，わかりにくいと思われることは多々ある。必ず読み返して，日本語として不適切な文章になっていないか，主語と述語は対応しているかなどをチェックする習慣をつけてほしい。

　良くない例を挙げてみよう。次の文章を読んで，どこがおかしいのか気づくだろうか。

　　「甘えには，『悪いことを許す』『言いなりになる』などの自分に向くものを内向的な甘えとする」。

　このように主語と述語が対応していない文章は，読み手に余計な負担をかけることになる。上の文章の場合，「甘えには」という主語に対し「内向的な甘えとする」という述語が対応しているのが問題となる。この場合，主語に相当する部分を「甘えのうち」と変えることで，「甘えのうち……などの自分に向くものを内向的な甘えとする」と，意味が通じやすくなる。
　また，わかりやすく書くと同時に心がけてほしいのは，読み手を惹きつけるような文章，展開にすることである。通常，論文やレポートは，まず問題と目的から読まれるものである。問題と目的で，「この研究はおもしろそう」と惹きつけることができれば，その先も興味をもって読み進めてもらえるだろう。身近な事柄や話題を例に挙げることも有効な方法である。
　また，問題と目的は現在形で書くことも忘れずにチェックしよう。

文章の長さ

　文章の長さに関しては，まず，1文が長くなりすぎないようにすることが大事である。一般的に文章が長くなるほど，内容を理解するために何度も読み直さなければならず，わかりにくいと感じてしまう。1文が数行も続くような場合，読み返してみて長いと感じる場合は，途中で切って，2つか3つの文章に分けることを考えた方がよいだろう。また，1段落が1つの文章で終わってしまうようなことも避けた方がよい。反対に，1ページの中に1つの段落しかな

いほど，1段落が長くなるのも考えものである。適切な段落の区切り方も気をつけるポイントである。

思考の流れをそのまま書かない

レポートや発表レジュメの採点をしていると，「われわれは，……と考えた」という表現を目にすることが多々ある。しかし，一般的に心理学の論文やレポートでは，「われわれは」や「私は」などの筆者を示す言葉は使わないことになっている。さらに，「……と考えた」という表現も通常は用いない。適切な言い回しを使うことを心がけよう。

また，考えた順番にしたがって，時系列的に書く必要はない。ある尺度を作成する過程を例に挙げて説明しよう。

>「最初に，鈴木・桜井（2003）の『認知的完結欲求尺度』と関連のある尺度を作ることになった。『認知的完結欲求尺度』を取り上げることが最初に決まっているから，まず『認知的完結欲求』について調べ始め，関連文献を集めた。次に，『認知的完結欲求』と関連する概念として，『甘え』を扱うことにした。そこで，『甘え』についての先行研究や関連文献を調べていった」。

この例では，思考の過程を時系列に並べると，まず「認知的完結欲求」について考え，次に，そこから連想した「甘え」について考えたことになる。しかし，問題と目的は，そのとおりの順番に「認知的完結欲求 → 甘え」のような流れで書かなくてもかまわない。むしろ，説得的で論理的な議論が展開できるように構成をよく考えて書いた方がよいだろう。

誰の意見（考え）なのかを明確に

問題と目的は，研究の背景となる議論を踏まえて，当該研究で検討する問題が明らかになるように記述しなければならない。関連する先行研究の整理と，それらの先行研究と本研究の関係を示すことが求められる。先行研究でどのようなことが明らかにされているのか，適切な文献を引用しながら書くことになる（引用の仕方は，第5章を参照のこと）。そのときに気をつけなければならないのは，どこまでが先行研究で述べられていることで，どこからが自分の（当該研究の）意見なのかを明確に区別することである。

特に，研究で扱う概念，測定しようとしている構成概念の定義は，問題と目的で明確に述べておく必要がある。心理学では，同じ用語を使っていても，その意味するところ（概念）が研究によって異なることがしばしばある。「親和動機」を例に挙げて説明しよう。杉浦（2000）は，これまでの親和動機に関する研究を整理し，「親和動機」には「拒否不安」と「親和傾向」の2つの性質があることを示し，それら2つの「親和動機」の発達的変化を検討している。「拒否不安」とは，分離不安から人と一緒にいたいという気持ちを表し，他者からの拒否に対する恐れの要素をもつものであり，「親和傾向」とは，拒否に対する恐れや不安なしに人と一緒にいたいと考えるものと説明されている。同じ「親和動機」という言葉でも，「拒否不安」を意味する「親和動機」と「親和傾向」を意味する「親和動機」では，その意味合いがかなり異なることがわかるだろう。このように，同じ用語を使っていても，その研究での定義が明確にされていないと，誤解が生じたり，議論がかみ合わないことにつながる危険性もある。「本研究では，○○を△△と定義する」のように，定義を明確に示しておこう。

情報の取捨選択

上でも説明したように，問題と目的は先行研究を整理し，当該研究の位置づけを示すもので

ある。実際に尺度や質問紙を作る前に，関連する先行研究をいろいろ調べていくと，それに比例して情報量は増えていく。しかし，調べたことすべてを問題と目的に書くと，問題と目的が冗長になってしまったり，全体の中で問題と目的が長すぎて頭でっかちに感じさせる論文やレポートになってしまうことがある。

いろいろ集めた先行研究や関連文献の中から，研究の問題と目的を導くために必要な情報はどれかを選び出すことが必要である。特に，関連する文献を見つけるたびに，それを問題と目的に書き加えるという作業を続けていくと，どうしても問題と目的が長くなっていく。適度に読み返し，必要のない情報は削るという取捨選択を心がけよう。

用語の一貫性

先に，当該研究で扱う概念を明確に定義する必要性を指摘したが，そのような当該研究の核となる概念，キーワードについては，一貫した表記をすることも重要である。上で例に挙げた杉浦（2000）の親和動機の研究の場合，「親和動機」と「親和傾向」は似ている言葉であるが，「親和傾向」は「親和動機」の一側面として位置づけられているため，両者を区別して表記する必要がある。

同じ表現の繰り返しは望ましくないが，同じ事柄や概念を示す用語が統一されていないと，読み手は混乱してしまう。一貫性をもたせるべき用語の表記には気をつけよう。

一般的話題から心理的概念へ掘り下げていくこと

ここでは，問題と目的を書く際に，一般的話題からどのようにして心理的概念に掘り下げていくのかを説明しよう。

一般的話題を問題意識につなげる

研究を始めるとき，まずは，身近な話題や関心のあることから考えてみよう。たとえば，尺度を作るテーマについて，自分の関心のある話題や社会で注目されている問題について考えてみることがテーマを決めるきっかけになる場合もある。また，そのような身近な話題や一般的話題を出発点として，そこから具体的なイメージを膨らませたり，連想を広げていったりすることも重要である。

逆に，トップダウン的に研究を始めることもある。たとえば，「批判的思考態度尺度」（平山・楠見，2004）という既存の尺度と関連のある尺度を作るような場合，「批判的思考態度」に関連する研究を行うことは決まっている。このような場合でも，批判的思考とはどのような思考なのか，批判的思考を好む人はどのような人か，身近な人に照らすと誰にあてはまるか，など，一般的な話題にひきつけて考えてみると，新たに作る尺度のヒントが得られるかもしれない。最初は，ブレインストーミングのつもりで既成概念にとらわれることなく，なるべく自由に考えてみてほしい。

問題と目的を書く際にも，研究テーマや先行研究の整理から始めるよりも，それに関連する一般的な話題を導入として書くことが多い。たとえば，布施・小平・安藤（2006）は，小学生の積極的授業参加行動について検討しているが，社会の中で話題となっている学習意欲の低下や学級崩壊の問題，OECDによる生徒の学習到達度調査（PISA）の結果など，一般的な話題を冒頭に置き，問題と目的の導入としている。このように，一般的な話題を研究の問題意識の素材としていこう。

問題意識を心理的概念に掘り下げる

　一般的な話題，身近な話題から研究の問題意識やテーマが決まったら，それを心理学の研究にのせていくことが必要になる。つまり，一般的な話題，問題意識を心理学的な概念に置き換えていくということである。テーマになりそうな問題意識は，数ある心理学の研究分野の中のどれに該当するかを考えたり，アイディアを心理学研究でよく使われる専門用語に言い換えるという手続きが必要になる。このような過程には，関連する先行研究や文献を探し，これから行おうとしている研究がどのように位置づけられるかを考えることも助けとなるだろう。

　たとえば，上で例に挙げた布施他（2006）の研究は，「授業に一生懸命参加するとは，どのような行動に現れるのか」という問題意識から始まっている。授業に対して意欲的な態度や行動はどのような意味をもつのかという問題を，授業場面での行動と授業に対する動機づけの関連から測定することにした。そのために，まず授業に積極的に参加している行動の様相を描き出し，「積極的授業参加行動」の尺度を作成し，授業に対する動機づけとの関連を検討している。問題意識を心理学的概念につなげていく方法はいろいろあるだろうが，読み返して必然的な導出になるような掘り下げ方を考えてほしい。

研究の意義を示す

　問題と目的ではなく，考察に書いてもよいことであるが，この研究を行うことにどのような意味があるのか，社会にどのような示唆を与えることができるのか，という当該研究の意義を示しておくとよい。たとえば，この研究を通して検討し，得られた結果にはこのような意義がある，役に立つ，といえるならば，読み手も納得して読み進められるだろう。その際，ふたたび一般的な話題や問題意識に立ち返ると，より説得力が増すだろう。そのためにも，出発点となる問題意識や一般的な話題と，研究で設定した心理的概念とが乖離しすぎないことが大切である。

仮説を示す

　実際に研究を行う前に，この調査をしたらどのような結果が得られそうかについて仮説を立てておく。問題と目的には，研究の目的を踏まえて導かれる仮説を示すことが求められる。「依存」に関する研究を例に挙げてみよう。竹澤・小玉（2004）は，これまで退行的な心性として問題視されてきた青年期以降の依存を適応的なものとしてとらえ直すために，依存を「是認，支持，助力，保証などを源泉として他人を利用ないし頼りにしたいという欲求」と定義している。そのうえで，他者に対する依存の適応的な特徴をとらえるために，依存欲求と他者への信頼感の関連を検討している。その際，「依存欲求がその個人の不適応感とは直接的な関連がないとすれば，自己・他者信頼感や自身の意思決定力との間には，むしろ肯定的な関連性があると考えられる」のように，どのような結果が予測できるかを示している。このように，当該研究の結果として推測できることを仮説として示しておくと，当該研究の問題と目的がより明確なものとなるだろう。

　明確に仮説として示せるなら，「仮説」と小見出しをつけて箇条書きにしてもかまわない。また，仮説を図表で表現することも効果的だろう。たとえば，江上（2005）は，「母性愛」信奉傾向と子どもの発達水準との交互作用が，育児場面における self-efficacy（自己効力感）と「育児不安」を媒介して，「怒り制御不全」へとつながるモデルと，交互作用効果が直接「怒り制御不全」にあらわれるモデルの両方を想定し，図6.1のような仮説モデルを提示している。ここでの仮説は，「母性愛」信奉傾向が高く子どもの発達水準が低い場合に，「子どものために心身尽くしていても子育てがうまくいかず報われない」ことを母親が自罰的にとらえることで，「self-efficacy」の低下および「育児不安」の増大を経験し，さらにはそれにより生起した

「怒り」という感情を抑えられなくなるというものである。一方で，「子どもに意識を向けて育児を実践しているのに子どもがそれに応えてくれない」という状況を他罰的にとらえ，直接に子どもへの怒り制御不全を招来するという可能性も考えられる。そのため，「母性愛」信奉傾向と発達水準との交互作用が育児場面における「self-efficacy」および「育児不安」を経由せずに怒り制御不全に影響を及ぼすというプロセスも同時に想定されている。

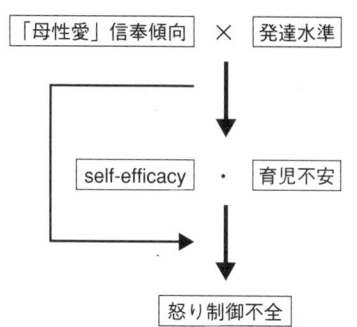

図6.1 仮説モデルの例 (江上, 2005)

文 献

江上園子 (2005). 幼児を持つ母親の「母性愛」信奉傾向と養育状況における感情制御不全 発達心理学研究, **16**, 122-134.

布施光代・小平英志・安藤史高 (2006). 児童の積極的授業参加行動の検討―動機づけとの関連および学年・性による差異― 教育心理学研究, **54**, 534-545.

平山るみ・楠見 孝 (2004). 批判的思考態度が結論導出プロセスに及ぼす影響―証拠評価と結論生成課題を用いての検討― 教育心理学研究, **52**, 186-198.

杉浦 健 (2000). 2つの親和動機と対人的疎外感との関係―その発達的変化― 教育心理学研究, **48**, 352-360.

鈴木公基・桜井茂男 (2003). 認知的完結欲求尺度の作成と信頼性・妥当性の検討 心理学研究, **74**, 270-275.

竹澤みどり・小玉正博 (2004). 青年期後期における依存性の適応的観点からの検討 教育心理学研究, **52**, 310-319.

6 対人依存欲求尺度

　青年期以降の依存は，退行的な心性として問題視されてきたため，依存的な人は自信がなく，自己決定できないなど，その病理に注目した研究が多い。しかし，そもそも誰かに頼ることは，悪いことばかりだろうか。人は自分や他者に対する信頼感があるからこそ，友人などの他者に頼ることができるのではないだろうか。誰かに頼りたいと思うのは，良好な対人関係を前提としており，健康な日常的対人関係においては，依存は病理的なものというより，適応的な役割を果たしていると考えられる。

　このように，竹澤・小玉（2004）は，依存の適応的意義に注目し，依存欲求を「是認，支持，助言，保証などの源泉として他人を利用ないし頼りにしたいという欲求」と定義している。そのうえで，愛情や受容を要求する情緒的依存と問題解決場面において援助を求める道具的依存とを含めた尺度作成の必要性を述べている。対人依存欲求尺度は，情緒的依存と道具的依存の両方を測定するために竹澤・小玉（2004）が作成したものであり，合計20項目から構成されている。「情緒的依存」とは，「他者との情緒的で親密な関係を通して自らの安定を得るという依存」であり，「道具的依存」とは，「自身の課題や問題解決のために，他者からの具体的な援助を求めようとする依存」である。

　「情緒的依存欲求」下位尺度は，自分が困っているときや悩んでいるときに他者と接触することによって情緒的な安心感を得たいという欲求を表している。「病気のときや，ゆううつなときには誰かに慰めてもらいたい」「いつも誰かに見守っていてもらいたい」「できることならどこへ行くにも誰かと一緒に行きたい」などの10項目で構成されている。一方，「道具的依存欲求」下位尺度は，何らかの課題達成のために他者から具体的な助言や援助を得ることによって課題達成の助けとしたいという欲求を意味している。「何か対応に迷うようなときには，誰かに対応の仕方を聞きたい」「自分一人で片づけられない仕事があったときは，誰かに手伝ってほしい」「探し物をしなければならないとき，誰かに手伝ってほしい」などの10項目で構成されている。

　教示は，それぞれの項目に対して普段どのくらいそう思うか，以下の6つからあてはまる数字を選択するよう求めるというものである。回答方法は，「1：全くそう思わない」「2：めったにそう思わない」「3：まれにそう思う」「4：時々そう思う」「5：しばしばそう思う」「6：いつもそう思う」の6件法である。

　竹澤・小玉（2004）は，対人依存欲求尺度と自己信頼感の関連を検討した結果，女性では，情緒的依存欲求が高いほど自己信頼感が高く，依存欲求の高い人は他者信頼感が高いという依存欲求の肯定的，適応的特徴を見いだしている。

（布施光代）

文　献

竹澤みどり・小玉正博　（2004）．青年期後期における依存性の適応的観点からの検討　教育心理学研究，**52**，310-319.

7
尺度項目を作る

はじめに

これまでの章では，研究テーマを決め，問題と目的までを扱ってきた。問題と目的が明確化され，測定したい構成概念が決まったら，その構成概念を形にする段階に入る。

通常，心理学の研究において研究対象となるものは，体重を体重計で測る，温度を温度計で測るというように物理的・客観的に測定できないものがほとんどである。外向性や愛情のように目に見えない構成概念を測定するためには，心理学において発展してきた方法を用いる必要がある。

第7章では，はじめに心理測定の方法としてよく用いられている評定尺度法について概説する。評定尺度法にはさまざまな種類があり，それぞれ特徴がある。そして，評定尺度法の中でも最も頻繁に用いられるLikert法による尺度作成，およびその注意点を述べる。

評定尺度法

評定尺度法は，質問紙法において頻繁に用いられる方法である。評定尺度法には，Likert法（リッカート法／ライカート法），SD法（Semantic Differential法），順位法，多肢選択法などがある。

Likert法

Likert法は，Likert（1932）によって提案された方法である。たとえば，「リサイクルは必要だと思う」という項目に対して，1.強く反対，2.反対，3.どちらともいえない，4.賛成，5.強く賛成，という選択肢を与え回答を求める。図7.1のように複数の項目を提示して回答を求める。

その後，強く反対→1点，やや反対→2点，どちらともいえない→3点，やや賛成→4点，強く賛成→5点と得点化する。そしてすべての項目の得点を足し合わせた得点を尺度得点として，その回答者のリサイクルに対する志向性の強さを示したものとして扱う。

ここで，簡単にLikert法についてふれておく。上述のような，人のリサイクルに対する態度を測定するリサイクル志向性尺度を作成するとしよう。図7.2に示したように，まず測定したい「リサイクル志向性」があると仮定する。第2章でふれたように，通常，心理学で用いられる尺度は複数の項目で構成される。ここでは測定したい「リサイクル志向性」を八角形で，各項目を楕円で表してみた。イメージ的には，この楕円の重なる面積が広いと尺度の信頼性が高くなり，カバーする範囲（網掛け部分）が広ければ（測定している部分が広くなるため）妥当性が高くなるといえる。

さらに言えば，項目作成時には測定したい「リサイクル志向性」を想定して項目を挙げるの

	強く反対	やや反対	どちらともいえない	やや賛成	強く賛成
(1) リサイクルは重要だと思う	1	2	3	4	5
(2) 買い物袋を断ることは必要だと思う	1	2	3	4	5
(3) ゴミの分別を必ずしなければならない	1	2	3	4	5
(4) ゴミの分別は無駄だと思う	1	2	3	4	5
︙					
(10) ゴミの有料回収は必要だと思う	1	2	3	4	5

図 7.1　Likert 尺度の例

だが，実際に測定できている部分は網掛けがなされている部分だけになってしまうことに留意してほしい。つまり，「尺度に含まれる項目によって，測定している構成概念が定義される」ともいえる。そのため，項目の内容には十分留意することが必要である。

一方，図 7.2 のように「私は何事にもまじめに取り組むことができる」という「リサイクル志向性」（網掛けされている 4 項目）とは大幅に異なるような項目が尺度に含まれた場合には，異なる構成概念を測定することになってしまうことがわかるだろう。

既存の尺度を用い，その項目数が多い場合，尺度の中からいくつかの項目を選択してデータを収集することが検討されることがあるが，これは避けるべきである。上述したように，構成概念の妥当性の点では好ましいことではない。

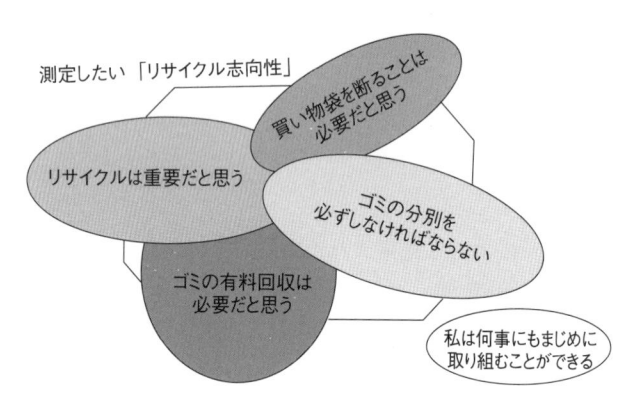

図 7.2　リサイクル志向性の測定

SD 法（Semantic Differential 法）

SD 法は，「明るい」－「暗い」という対になった形容詞を提示し，Likert 法と同様に，どの程度あてはまるかを回答するものである。たとえば，「あなたは母親に対してどのようなイメージを持っていますか」という問いに対して，「優しい」－「怖い」などという形容詞対を提示する。

順 位 法

順位法は，提示された選択肢に順位をつける回答法である。たとえば，「あなたは結婚相手

に何を望みますか？」という問いに対して，誠実さ，収入，社会的地位，優しさ，外見といった選択肢を提示し，重視する順に順位をつけてもらうものである。この方法により得られたデータは順序尺度水準のデータであるため，解析を行う際にはさまざまな工夫が必要になる。

多肢選択法

これは質問項目に対して，複数の回答選択肢を用意して回答を求めるものである。たとえば，「あなたの好きな作曲家は誰ですか？　以下の選択肢の中から1つ選んで○を付けてください」という問いに対して，ブラームス，チャイコフスキー，ラフマニノフといった複数の選択肢を提示し回答を求める。適切な選択肢を用意すればさまざまな情報が得られる一方，選択肢以外の回答は得られないという欠点がある。

評定尺度法としては上述した方法が主なものである。それぞれの方法で用いることができる解析手法が異なるため，どのような解析を行うかまで熟考したうえで調査を行うことが重要である。

Likert法による尺度の作成

項目の作成

尺度項目作成の第1段階として，測定したい構成概念を測定できるであろう項目を可能な限りたくさん挙げることが必要となる。項目を作成する際には，予備調査として自由記述による調査を行い，その結果を基に構成する方法や，研究者自身が項目を考案する方法がある。前者の場合は，幅広い意見や考えを得ることができるため尺度の妥当性の向上が見込まれる。しかし，尺度開発のための調査では別の回答者に回答を求める必要があるため，調査リソースが少ない場合には難しい場合もある。また，多くの項目が集まりすぎることによって，かえって尺度構成が煩雑になる場合もある。後者では，研究者自身が，意図した構成概念の定義に従って項目を考案するため上述のようなデメリットはない。逆に，作成された項目はあくまで研究者自身が考えたものであるため，測定したい構成概念に必要な項目が抜け落ちてしまっている可能性も残される。

どちらの方法により作成するとしても，別の人（できれば本調査と同様の属性をもつ人）に項目を見せ，意見をもらうというステップが必要だろう。

尺度項目の候補を作成した後に，以下に示すような観点から項目をブラッシュアップする作業を行う。

項目作成の際の注意点

1）項目は測定したい構成概念を適切に反映できているか　　これは当然のことであるが，現実には，項目と構成概念の関係を図7.2のように図示することはできないため非常に難しいことである。測定したいものを適切に測定する尺度となるかどうかはこの点に大きく依存するため，十分に検討することが必要である。

2）項目はわかりやすいか

①意味が複数ある項目は避ける：複数の意味にとらえられるような項目は適切ではない。たとえば，「私はリサイクルには慎重である」という項目があったとする。これは，リサイクルすること自体に対して慎重である，つまりリサイクルに否定的であるともとらえられる。一方，リサイクル行動を慎重に行う（分別を慎重に行う）という意味にもとらえられる。また，「ポ

リエチレンの容器は燃えないゴミとして分別する」という項目があった場合に，居住地域によってポリエチレンを燃えないゴミとするかどうかは異なる。したがって，このような項目は適切ではない。

②並列表現を避ける：「趣味や勉強を楽しんでいる」「私は優しく，頼もしい」といった項目は適切ではない。趣味は楽しめているが，勉強はそうではないという人はこのような項目にどのように回答するだろうか。後者も同様である。

③二重否定になる項目は避ける：「私にはたくさんの友達がいないということはない」といった項目である。回答者が迷う可能性があるのでできる限り避ける必要がある。

項目に何らかの問題がある場合，後に示す記述統計量や相関，因子分析の結果に表れてくる。当然，作成段階から注意が必要であるが，解析の結果をみてこのような項目があれば削除することも必要である。

3）回答を誘導するような質問はないか　回答者が自分自身について回答をする自記式の調査においては，得られる回答は常に社会的望ましさの影響を受けることになる。たとえば「私はリサイクルをすることには意味がないと思う」という項目があったとする。これは，現在は社会的に受け入れられる考え方ではない。この項目を肯定する回答をすることで，あの人は常識がない人などと思われたりするかもしれない。そのため，実際にはリサイクルが無意味だと考えていたとしても，「そうは思わない」と回答する可能性がある。どんな質問項目からも完全に社会的望ましさの影響を取り除くことはできないが，できる限りその影響を減らす努力は必要である。

具体的には，「私はよく〜してしまう」という項目は適切ではない。「してしまう」という表現は，漠然とではあるがネガティブな印象を与える。

4）項目数は適切か　項目数が多ければ図7.2における項目同士の重複部分は増えるため，信頼性は高くなる。逆に少なければ信頼性が下がってしまうので，「適切に測定する」という目的と矛盾することになってしまう。妥当性に関しては，項目数が増えればより多くの部分をカバーできることになり妥当性は上がるが，測定対象としている構成概念に含まれない部分も増え，曖昧になってしまう可能性がある。一方，項目数が少ない場合は，構成概念の限られた部分しか測定できないため真に測定したいものが測定できているとは言えなくなる可能性もある。とはいえ，項目数が少なく信頼性が下がってしまっては測定するという目的からすると本末転倒になるため，できる限り項目数は確保すべきであろう。経験的には各下位尺度に5項目以上，できれば7, 8項目は必要だと思われる。

質問紙全体の項目数も重要である。回答者の属性にもよるが70項目までが適当ではないだろうか。対象者が子どもや高齢者の場合はより少ない項目にする必要がある。項目数が多い質問紙は，回答がいい加減になる可能性が高くなるため注意が必要である。

5）選択肢　①項目と選択肢の対応が適切かどうか：選択肢にはさまざまなものが考えられる。たとえば，その項目にあてはまる「程度」を尋ねる場合や，「いつもそうだ」というように「頻度」を尋ねる場合などが考えられる。程度と頻度が混ざっているような選択肢は用いるべきではない。たとえば，図7.1の項目に対して，「よくあてはまる」〜「まったくあてはまらない」という選択肢を用いることは可能だろう。しかし，「いつもそうする」〜「まったくそうしない」という選択肢は適切ではない。項目と選択肢の関係は，回答の容易さにも大きく影響するため十分に検討する必要がある。

②各選択肢間の心理的な距離は等距離となっているか：すでに述べたようにLikert法では，下位尺度ごとに項目得点を合計する。厳密には，Likert法により得られるデータは順序尺度水準であるため，加算すること，平均をすることは許容されない。この点に関しては，1970年代にさまざまな研究がなされ，経験的には間隔尺度水準として扱うことが許容されている。し

かし，できる限り各選択肢間の心理的距離が等しくなるように，「あてはまる」などの評定尺度表現を工夫することが求められる。この点に関しては，織田（1970）の研究結果が参考になるだろう。

③「どちらともいえない」の存在：上述の観点とも関連するが，「どちらともいえない」といった中性カテゴリとよばれる選択肢を用いるかどうかについても，さまざまな意見がある。日本人は中性カテゴリに反応することが多いとも言われ，多くの人が「どちらともいえない」と回答する傾向があると考えられている。心理尺度はあくまで個人差を測定することを目的としている。したがって，多くの人が同じ回答選択肢を選ぶことは好ましくないと考える研究者は，中性カテゴリの使用を避ける。一方，回答者の側からすると，中性カテゴリがないと，「回答しにくい」「選択できない」という意見がでてくる。結果として回答を得られず，欠損値が増えてしまう可能性もある。この点についてもスタンダードがあるわけではないため，研究者自身の判断によるところが大きい。

④選択肢の数はどうするべきか：選択肢の数についても諸説があり，ルールは存在せず，研究者の考えによって決定されることがほとんどである。実際に作成する際には，上述した評定尺度表現と合わせて考える必要もあり，難しいポイントの1つだろう。現在は4件法から7件法が一般的だと考えられるが，以下に，考慮すべき点を挙げる。

・反応段階数が少ない場合は，回答者の負担を減らす（回答時間の短縮につながる）
・反応段階数が少ない場合は，多い場合に比べて得られる情報が少なくなる。一方，反応段階数が多い場合は回答の違いが不明瞭になる可能性がある。これは図7.3に挙げたようなイメージである。人の回答判断が完全に真の特性値を反映するものであれば，Aさんはいずれの場合も「1」と回答するだろう。また，Eさんは4件法では「3」，5件法では「4」，7件法では「5」と回答するだろう。しかし，人間の判断はそれほど正確なものではない。そのため，4件法であればその回答が真の特性値と大きくズレることはないだろうが，7件法では曖昧になってしまう可能性がある。たとえば7件法において，「5」と回答した人と「6」と回答した人で，真の特性値に差があるかどうかは，4件法で「2」と回答した人と「3」と回答した人の真の特性値の差ほどは明確ではないとも考えられる。
・中性カテゴリを含む場合は奇数個，そうでない場合は偶数個の選択肢を用意するという考え方もある。しかし，必ずしも明確な根拠があるわけではない。上述した等間隔性の観点からそのように考えられているのだと思われる。

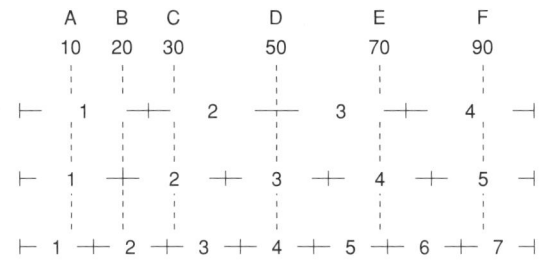

6人の真の特性値（A：10，B：20，C：30，D：50，E：70，F：90）

```
 A   B   C        D         E         F
10  20  30       50        70        90
├──  1  ──┼──  2  ──┼──  3  ──┼──  4  ──┤

├──  1  ──┼──  2  ──┼──  3  ──┼──  4  ──┼──  5  ──┤

├─ 1 ─┼─ 2 ─┼─ 3 ─┼─ 4 ─┼─ 5 ─┼─ 6 ─┼─ 7 ─┤
```

図7.3　反応段階数と回答

6）逆転項目の考え方　　図7.1に示したリサイクルの項目例を見てほしい。(1)はリサイクルを重要だと思う，(2)は買い物袋を断ることは重要だと思うという，リサイクルを肯定する項目である。それに対して，(4)はゴミの分別は無駄だと思うというリサイクルを否定する項目である。

逆転項目とは，(4)のような項目のことを指す。つまり，他の項目とは測定している方向が異なる項目のことである。逆転項目は，その他の項目が「強く反対→1点」～「強く賛成→5点」と得点化しているのに対して，得点の逆転処理を行って「強く反対→5点」～「強く賛成→1点」として尺度得点を求めることが通例である。

逆転項目に関しても，経験的にさまざまなことがいわれている。以下にポイントを示すが，あくまで研究者がどう考えるかであり，正解はない。

・逆転項目の存在を肯定する立場

　項目がすべて同じ方向を向いている場合には，回答者がよく考えず，惰性で回答をしてしまう可能性がある。逆転項目を用いることで，その項目に意識を向かせることで，惰性による回答を防ぐことができると考えられる。

・逆転項目の存在を否定する立場

　「逆転項目の得点処理に関して，単純に得点化を逆にするだけでよいのか」「逆転項目にすることによって，項目のもつ意味が異なってしまわないか(測定したい構成概念とずれないか)」ということが言われることがある。また，因子分析を行った際に，逆転項目とそうではない項目で因子を構成してしまうことがあることから，逆転項目の使用を好ましくないと考える立場がある。

尺度開発の手順

通常，項目を作成しデータを収集した後，以下の点について検討が行われた後に尺度として用いられる。

1) 記述統計量　ほとんどの人が同じ回答選択肢を選んでしまう項目がないか。天井効果や床効果は起こっていないかを確認する。またこの段階で欠損値の生じる頻度も検討が必要である。一般に回答の難しい項目，意味がわかりにくい項目などは欠損値が生じやすくなる。

2) 項目間相関係数　この時点では，特に詳細に検討する必要はないがとりあえず算出しておいた方がよい。

3) 因子分析　尺度項目の背後にいくつの，どのような因子が存在するかを検討する。因子を抽出した後に，項目を参考にしてその因子の名前をつける。→因子的妥当性の確認にもなる。

4) Item-Test 相関係数（IT相関）　これは通常の尺度開発の際はそれほど用いられない。因子分析ができない場合に簡易的に用いることができる。詳細は第11章参照。

5) 信頼性係数の推定　尺度の精度を表す指標である信頼性係数を推定する。多くの場合 Cronbach の α という指標が用いられる。その他に折半法や再テスト法などの方法がある。詳細は第11章，および第12章参照。

6) 妥当性の検討　尺度の妥当性とは，開発尺度が研究者が意図した構成概念を開発した尺度により確かに測定できているか，その尺度をその構成概念の測定に用いることができるかを示す術語である。さまざまな種類があるためすべてを網羅できないが，少なくとも以下に示す分析において理論的に矛盾しない結果が出ていることを示す必要がある。

　基準関連妥当性，弁別的妥当性は，開発した尺度が既存の尺度と本当に想定したとおりの（理論的に正しい・説明のできる）相関が得られているかを検討することにより確認される。また，相関以外の統計的手法を用いて妥当性を主張することもある。

文献

鎌原雅彦・宮下一博・大野木裕明・中澤　潤(編著)　(1998)．心理学マニュアル　質問紙法　北大路書房

Likert, R.（1932）．A technique for the measurement of attitudes. *Archives of Psychology*, **140**, 44-53.

織田揮準　（1970）．日本語の程度量表現用語に関する研究　教育心理学研究, **18**, 166-176.
田中良久　（1973）．心理学研究法 16 尺度構成　東京大学出版会
続　有恒　（1954）．質問紙調査法　同学社

7　大学生用対人ストレスコーピング尺度

　ストレスコーピング（ストレス対処行動）とは，ストレスを回避したり低減あるいは除去したりする行動のことである。人はストレスにさらされるといろいろな行動をとる。たとえば音楽を聴く，散歩をする，買い物をする，ヤケ食いをするなど，みなさん自身の行動を思い浮かべても，ストレスにさらされた後にとる行動にはいろいろなものがあることがわかるだろう。また，ストレスの原因となる現象にも，さまざまなものがある。また，どのような出来事をストレスだと感じるかも個人によって異なる。ある人がストレスだと感じる出来事であっても，別の人にとってはまったくストレスだと感じられないこともあるのである。

　さて，日常生活で頻繁に遭遇するストレスフルなイベントのひとつに人間関係がある。みなさんのような大学生にとって，対人関係上のストレスイベントに遭遇することは避けられないことであり，日常生活全般で遭遇するストレスフルなイベントの中でも比較的大きな割合を占めていると考えられる。大学生用対人ストレスコーピング尺度は，友人関係で感じるストレスに対してどのような対処行動を行うのかの個人差を測定するものである。

　大学生用対人ストレスコーピング尺度は加藤（2000）が作成した尺度であり，「ポジティブ関係コーピング」下位尺度，「ネガティブ関係コーピング」下位尺度，「解決先送りコーピング」下位尺度という3つの下位尺度，合計34項目からなっている。

　「ポジティブ関係コーピング」下位尺度とは，積極的に肯定的な人間関係を成立・改善・維持するために努力する傾向を意味しており，「相手のことをよく知ろうとした」「積極的に話をするようにした」「この経験で何かを学んだと思った」などの16項目で構成されている。「ネガティブ関係コーピング」下位尺度は，人間関係を積極的に放棄・崩壊する機能を意味しており，「かかわり合わないようにした」「話をしないようにした」「無視するようにした」などの10項目で構成されている。「解決先送りコーピング」下位尺度は，人間関係によって生じるストレスフルな出来事を軽視し，問題から回避することを意味しており，「気にしないようにした」「そのことにこだわらないようにした」「何とかなると思った」などの8項目で構成されている。

　教示は，「普段，友人関係でストレスフルなイベントに遭遇したとき，あなたがどのような行動しているのかをお尋ねします。以下の行動をどの程度行うのかについて，もっともよくあてはまるところに丸をつけてください」というものである。それぞれの質問項目について，「よくあてはまる（3点）」「あてはまる（2点）」「少しあてはまる（1点）」「あてはまらない（0点）」の4段階で評定を求める形式になっている。

　なお，加藤（2000）は3つの下位尺度の男女差を検討しており，ポジティブ関係コーピングは女性の方が，ネガティブ関係コーピングは男性の方が高得点であること，解決先送りコーピングは男女差がみられないことを明らかにしている。

（小塩真司）

文献

加藤　司　(2000).　大学生用対人ストレスコーピング尺度の作成　教育心理学研究, **48**, 225-234.

3 質問紙の構成

本章では，質問紙の構成について説明したい。

フェイスシート

質問紙には通常，表紙にあたるフェイスシートをつける。フェイスシートには，タイトル・質問紙全体の教示・年齢や性別などの人口統計的変数の記入欄・調査者の氏名や連絡先が含まれることが多い。フェイスシートに含める事項は研究の内容や目的によっても変わるが，以下には一般的なフェイスシートに含まれる事項について説明しよう。

タイトル

タイトルは，調査の目的に合わせたうえで，質問紙全体を包括するものをつけることが多い。質問項目の内容や研究の意図を明確にしたタイトルをつける場合もあれば（たとえば，「青年の攻撃性と友人関係に関する調査」），質問内容や調査の目的・仮説などが明確でない抽象的なタイトルをつける場合もある（たとえば，「現代青年の意識調査」など）。質問紙調査では，調査協力者が社会的望ましさを考慮して回答をゆがめたり，虚偽の回答をしたりすることが可能である。そのため，あまり調査の意図を明確にしない方がよい場合もある。研究内容をよく考えて，適切なタイトルをつけることを心がけてほしい。

教　示

調査協力者が回答するにあたり，影響のない程度に調査の目的を記述し，個人の回答が問題にならないことを明示するなど，調査協力者が構えることなく回答できるように教示することが求められる。教示には，以下のような内容が含まれることが多い。

①調査の目的

　この調査は，何を調べるためのものなのか，どのような目的で調査を行うのかを最初に述べる。

　（例）この調査は，〜について調べるためのものです。

②調査内容の説明

　1つの調査に複数の尺度や質問内容を含める場合には，その旨を示しておく。また，総ページ数を記しておき，調査協力者に回答を始める前に確認してもらうとよい。

　（例）2種類の質問からなっていますので，質問をよく読んで回答してください。

③データ処理の方法

　調査協力者は，自分がどのような回答をしたかということが問題にされるのではないかという不安を抱いているかもしれない。そのような調査に対する構えをなくすためにも，個人の回答を問題にすることはないということを明記しておいた方がよいだろう。

　（例）回答は統計的に処理されますので，個人がどのような回答をしたのかを問題にするこ

とはありません。
④プライバシー保護
③でも述べたように，調査協力者にとって自分の回答がどのように扱われるのかは気になるところであろう。あくまで研究のための調査であり，それ以外の目的では扱わないことを明示する必要がある。

（例）回答は研究目的以外には用いられませんので，思ったとおりに回答してください。

⑤調査協力のお礼
教示の最初か最後に，調査に協力していただくことへのお礼を述べる。調査は協力者がいなければ成立しない。「協力していただく」という気持ちを忘れずに，気持ちよく調査に回答してもらえるよう配慮しよう。

（例）本日は，調査にご協力いただきありがとうございます。
　　　ご協力よろしくお願いいたします。

人口統計的変数

人口統計的変数とは，性別，年齢，名前，家族構成，居住形態などのことである。どのような人口統計的変数を尋ねるかは，調査の目的や分析の仕方によって決められる。たとえば，男女の比較をするならば，性別を尋ねる必要がある。また，兄弟の影響について検討するのであれば，家族構成が必要となるだろう。

ただし，むやみに人口統計定的変数を増やすのではなく，調査協力者のプライバシーの保護を十分考慮し，必要のない事項を尋ねることは慎むべきである。特に，プライバシーに深く関連するような人口統計的変数や，調査協力者が答えにくいと感じるような事項については，表紙ではなく次ページや最終ページに配置するなどの配慮も必要である。

人口統計的変数を尋ねることにより，多くの情報を得られれば，それだけ調査協力者集団の特徴を知ることができる。これらの情報を得ることで，分析上の手がかりが増えると考えることもできるだろう。しかし，人口統計的変数は調査協力者のプライバシーに関する情報であるため，必要以上にプライベートな内容について尋ねることは避けるべきである。

記名式にするか無記名式にするか

調査協力者の氏名を尋ねる記名式の調査を行う場合もあれば，無記名で回答を求める場合もある。無記名式の方が多少答えにくい質問に対しても正直な回答が得られるが，だれが回答したのかわからないので無責任で適当な態度で回答される可能性がある。一般的には，特に必要のある場合を除いて無記名式で調査をすることが多い。

記名式の調査は，ある回答をした調査協力者を同定するために行うことがある。たとえば，一定期間をおいて数回調査を繰り返す縦断的調査の場合には，特定の調査協力者の回答が同定されなければ，その調査協力者の変化などを検討することができない。そのため，記名を求めて，調査協力者の回答の変化を追跡することになる。しかし，性別や誕生日，学生であれば学籍番号などの情報を組み合わせることによって，無記名式であっても調査協力者の同定が可能となる場合もある。記名式にするか，無記名式で行うかはよく考える必要があるだろう。

調査の責任者と連絡先

フェイスシートの最後には通常，調査者の名前や所属，連絡先などを明示することが多い。そのことによって，責任の所在を明らかにするためである。複数人で1つの調査を行う場合は，全員の名前を明記する場合もあるし，研究代表者のみを記す場合もある。

質問紙内容の例

ここでは，具体的な質問紙の例を紹介しよう。

フェイスシート

図8.1は，フェイスシートの例を示したものである。通常，フェイスシートは表紙として1枚目につけるものである。上で説明したように，人口統計的変数やプライベートな内容を尋ねる場合，また，質問事項が多くフェイスシートでは収まらない場合は，2ページ目にまとめて質問項目を並べるなどの工夫が必要である。

通常，タイトルは大きな字で書くことが多い。また，教示部分は四角や丸で囲むなど，見やすいレイアウトを考えよう。

大学生の意識調査

本日は調査にご協力いただき，ありがとうございます。

この調査は，大学生が日常生活を営む中でどのように考え，行動するものであるかを調べるために行うものです。正しい答えや，間違った答えというものはありません。思ったとおりに答えてください。

この調査は○つのパートで構成されています。また，表紙を合わせて●枚からなっていますので，乱丁・落丁等がありましたら申し出てください。

回答は全て研究室の厳重な管理のもとで，直ちに記号化され，コンピュータにより統計的に分析されます。ご協力いただいた方にご迷惑をおかけすることは決してありませんので，日頃お感じになっていることを率直にお答えください。またこの調査は，コンピュータにデータを入力後，シュレッダーにて処分するなど，個人情報の保護に最大限の配慮をいたします。

それぞれの質問をよく読み，全ての質問について答えてください。回答もれのないようにお願いします。

※以下の欄を記入してください。
　学校（　　　　　　　　　　　　　）

　学部（　　　　　）　学科（　　　　　　）
　学年（　）年　　年齢（　　）歳　　性別（男・女）

　　　　　　　　　　　　○○大学　●●学部　○○学科
　　　　　　　　　　　　○年　　△　△　△　△（名前）

図8.1　フェイスシートの例

項目内容

図8.2は，項目内容の例を示したものである。通常，フェイスシートにはページ番号はつけないが，質問内容のページにはページ番号をつけた方がよいだろう。複数の尺度や質問内容を1つの調査に含める場合は，そのまとまりがわかるように「Ⅰ，Ⅱ，…」や「A，B，…」などの記号を入れるとよい。

質問内容の最初に教示を示す。また、誤った回答の仕方を防ぐために、具体的な項目の回答に入る前に、回答の例（○のつけ方など）を示すこともある。子どもを対象とする場合や回答の仕方が複雑な場合は、例を示した方がよいだろう。

質問項目が次のページに続く場合は、その旨が調査協力者に伝わるようにする。たとえば、図8.2のように「全ての質問に回答したかどうかを確認し、次のページに進んでください」などと記すとよいだろう。また、1ページごとに回答の記入もれや、1つの質問に二重に答えているところがないか確認してもらうと、回答ミスを防ぐことにつながるだろう。また、最後のページには、「これで終わりです。ご協力いただきありがとうございました」など、お礼の言葉を述べておく。

1つの尺度が複数ページにわたる場合は、各ページの上部に選択肢を示すことが必要である。もし、最初のページにしか選択肢が書かれていないと、選択肢として与えられた数字や記号の意味がわからなくなったり、前のページを見直さなければいけなくなるなど、調査協力者に負

I．次の各項目はあなたにどの程度当てはまりますか。「全く当てはまらない（1点）」から「非常に当てはまる（6点）」までのうち、最も当てはまると思う数字に○をつけてください。

	全く当てはまらない	当てはまらない	やや当てはまらない	やや当てはまる	当てはまる	非常に当てはまる
1. スケジュールを決めて生活するほうが人生は有意義だと思う	1	2	3	4	5	6
2. 問題に直面しても、たいていの場合は最善の方法をすぐに見つけることができる	1	2	3	4	5	6
3. 重要な決定は、たいてい素早く、自信を持って行う	1	2	3	4	5	6
4. 思いもよらないことをしそうな人と一緒にいるのは好まない	1	2	3	4	5	6
5. 何が起こるかわからないところには行きたくない	1	2	3	4	5	6
6. 使ったものは必ずもとの場所に戻す方だ	1	2	3	4	5	6
7. 規則正しい生活が自分の性にあっていると思う	1	2	3	4	5	6
8. 目的にあった無駄のない生活をしている	1	2	3	4	5	6
9. 決めなければならないことは長い間引き伸ばさずすぐに決めるほうだ	1	2	3	4	5	6
10. 決断するのにいつも苦労する	1	2	3	4	5	6
11. どのようにすればよいか分からない状況に飛び込んでいくととまどってしまう	1	2	3	4	5	6
12. 予想もつかないようなことをする友だちが好きだ	1	2	3	4	5	6
13. 何が起こるか分からない状況にいるとウキウキする	1	2	3	4	5	6
14. 自分の生活はきちんとしている方だ	1	2	3	4	5	6
15. 自分は決断力がないと思う	1	2	3	4	5	6

※ここで全ての質問に回答したかどうかを確認し、次のページに進んでください。

- 1 -

図8.2　項目内容の例（質問項目は「認知的完結欲求尺度」（鈴木・桜井, 2003）の一部）

担をかけることになる。

項目のレイアウト

回答ミスを防ぐためにも，見やすいレイアウトを心がけよう。1ページに並べる項目数の数にも注意が必要である。あまりに項目数が多いと，調査協力者は負担に感じるかもしれない。また，1ページあたりの項目数が多くなると，項目と項目の間が狭くなり，回答ミスにつながる危険性がある。逆に，1ページあたりの項目数を少なくすると，ページ数が多くなってしまうこともある。あまりページ数が多くなると，実際に回答する前から調査協力者に負担感を与えてしまうことになりかねない。1ページあたりの適切な項目数を考える必要がある。

また，文字の大きさにも注意が必要である。あまりに小さな文字では，読みにくく回答する気を失わせてしまうかもしれない。1ページあたりの項目数，全体の項目数も考慮しつつ，見やすい文字の大きさを選択する必要がある。なお，子どもや高齢者を対象とする場合は，通常よりも大きな字にした方が見やすいだろう。

質問項目は，通常，番号をつけた箇条書きにする。箇条書きの際には1、（読点）ではなく1．（ドット）を用いるのが一般的である。

質問項目と選択肢の間が空いている場合は，傍線や点線（図8.2参照）を引くなど，それぞれの質問項目に対応する選択肢がわかるようにしておくとよい。そのことによって，回答もれや二重に回答してしまうという回答ミスを防ぐことにもつながる。また，たとえば図8.2のように，5項目ごとの後に行間を大きくあけたり，数項目ごとの間に線を引くなど，見やすいレイアウトを考えよう。

実際の作成にあたり注意する点

ここでは，論理的な話ではなく，実際に質問紙の作成という作業を行う際に注意すべき点を以下に挙げておこう。

①ソフトウェアを選ぶ
主にWordかExcelを用いて質問紙を作成することが多いと思われるが，どのソフトを用いるかは，作業のしやすさなどに合わせて選択すればよい。

②Wordを使う
評定段階を示す語（あてはまる，どちらでもない，そう思わない，など）は縦に書く場合もあるが，その際には縦書きテキストボックスを用いると簡単である。

③Excelを使う
質問紙1ページごとにシートを分けて作成しておくと，体裁を整えることや，印刷用の微調整などが容易になる。また，項目番号，質問項目，評定段階など，それぞれ列を分けておくと，列ごとに配置や文字の大きさの変更ができるため，体裁が整えやすいだろう。

④フォントの選択
Word, Excelなどではさまざまなフォントを使用できるので，適切なフォントの使用を心がけること（たとえば，プロポーショナル・フォント[注]（例. MS P明朝, MS Pゴシック）と等幅フォント（例. MS明朝, MSゴシック）のどちらを用いたらよいか，など）。

注）プロポーショナル・フォントとは，一文字ごとに最適な幅が設定されているフォントのことであり，等幅フォントとは，どの文字も同じ幅で表示されるフォントのことである。

⑤ホチキス留め

　質問紙は，1部ずつホチキスで留めるが，どのように留めたら回答しやすいかも考えて留めることを心がけよう。左上を1箇所留めるか，ページの左側を2箇所留めるものが多いようである。

⑥気 配 り

　これまで挙げてきたことすべてに共通するのは，調査協力者が回答しやすいように配慮することが必要であるということ。調査に協力してくれるすべての人が回答しやすいように作成するのは困難かもしれないが，気配りを忘れないことが大切である。

文　献

鈴木公基・桜井茂男　(2003)．認知的完結欲求尺度の作成と信頼性・妥当性の検討　心理学研究, **74**, 270-275.

8　自意識尺度

　自意識とは，自分自身に対して注意を向けることである。他者に見つめられたときや鏡に自分を映したときに，人は多少なりとも自分自身を意識する。カメラで撮られようとしているときには，今自分がどのような姿になっているのかを意識するだろう。また，留守番電話に録音された自分の声を聴くと，「自分の声はこんなふうに聞こえているのか」と自分自身に注意が向く。このように，日常生活の中には，自分に注意を向けさせるような環境が数多く存在している。

　またこれらの状況以外でも，個人の比較的安定したパーソナリティとして，自意識が比較的高い人や低い人が存在する。いつも周囲の人からどのように見られているかを気にしておしゃれに気を使う人や，自分自身についてあれこれと考えがちな人は，自分に注目する傾向が強い人だということができるだろう。

　Feningstein, Scheier, & Buss（1975）は，自意識の強さに関する質問項目を作成し，因子分析によってその内容を整理した。そして，自己に向けられる意識には私的自意識と公的自意識の2つがあることを示した。私的自意識とは，自分の内面や気分など，外からは見えない自己の側面に注意を向ける程度の個人差を示すものである。その一方で公的自意識とは，自分の外見や他者に対する行動など，外から見える自己の側面に注意を向ける程度の個人差を示すものである。日本語版の自意識尺度は，Feningstein et al.（1975）の尺度を参考に，菅原（1984）が作成している。

　自意識尺度は，「公的自意識」と「私的自意識」の2つの下位尺度，合計21項目で構成されている。公的自意識下位尺度は，「自分が他人にどう思われているのか気になる」「人に会うとき，どんなふうにふるまえば良いのか気になる」「自分の容姿を気にする方だ」「初対面の人に，自分の印象を悪くしないように気づかう」など11項目で構成される。また私的自意識下位尺度は，「自分がどんな人間か自覚しようと努めている」「自分が本当は何をしたいのか考えながら行動する」「自分を反省してみることが多い」「つねに，自分自身を見つめる目を忘れないようにしている」など10項目からなる。

　調査を行う際の教示は，「以下の項目は，あなたにどの程度当てはまるでしょうか。『7. 非常に当てはまる』から『1. 全く当てはまらない』のうちもっとも近いものひとつに○をつけてください」というものである。そして回答は，「全くあてはまらない（1点）」「あてはまらない（2点）」「ややあてはまらない（3点）」「どちらともいえない（4点）」「ややあてはまる（5点）」「あてはまる（6点）」「非常にあてはまる（7点）」の7段階評定で行われる。

（小塩真司）

文　献

Feningstein, A., Scheier, M. F., & Buss, A. H. (1975). Public and private self-consciousness: Assessment and theory. *Journal of Counseling and Clinical Psychology*, **43**, 522-527.

菅原健介（1984）．自意識尺度（self-consciousness scale）日本語版作成の試み　心理学研究, **55**, 184-188.

9 調査の依頼・実施における注意点

　第 8 章までで，自分たちが作成する尺度がどのような概念を測定するものなのかと，その下位概念にはどのような概念があるのかが明確になったことと思う。具体的な項目も出そろい，質問紙はほぼ完成したのではないだろうか。質問紙が完成したら，自分たちが作った尺度は自分たちの測りたいものを測っているかどうか，自分たちが作った尺度と既存の尺度がどのように関わっているかを検討するために，実際に調査を行い，データを収集する必要がある。

　ここでは，大学での授業時間を利用して，授業を行っている教員および授業を受けている大学生に協力を得て調査を行うケースで，実際に調査を行うための手順と，その手順の中で準備するもの，注意する点などについて論じる。調査の実施にあたって必要な手続きは以下のとおりである。

原稿の完成
・質問紙の完成
・調査のデブリーフィングの際の配布資料の完成
・ブリーフィングおよび調査実施時の教示の完成

調査協力者の決定（依頼）
・調査をするのに適した授業を探す
・その授業を担当している教員に話を聞いてもらうための約束を取り付ける
・調査の依頼をし，了承が得られた場合は具体的な調査の時間と場所を決定する

質問紙と配付資料の印刷と準備
・質問紙とデブリーフィングの配布資料を調査予定者数よりも多めに用意する

調査の実施
・質問紙の配布とブリーフィングを行う
・調査協力者に回答してもらう
・質問紙を回収しデブリーフィングを行う

　なお，依頼状，ブリーフィングの要旨，デブリーフィングの配布資料の例はすべて，第 1 章の「授業の手順」で書かれているような授業の中で，既存の尺度である日本版 Buss-Perry 攻撃性質問紙（安藤・曽我・山崎・島井・嶋田・宇津木・大芦・坂井, 1999）をもとに，2 つのグループ（A グループ，B グループ）がそれぞれ新しい概念を設定し，それぞれの尺度を作成したうえで，攻撃性の尺度，A グループの尺度，B グループの尺度という 3 つの尺度からなる質問紙を合同で作成し，調査を行うためのものである。

調査協力者とは

　質問紙によりデータを収集するためには，その質問紙調査に協力してくれる調査協力者が必要になる。質問紙調査における調査協力者は，その研究において，対象としたい人たち全員か，対象としたい人たちを偏りなく代表する人たちである必要がある。研究の対象としたい人たち全員に調査を行う場合，これを「全数調査」という。対象としたい人たち（母集団）を偏りなく代表する人たち（標本）を対象に調査を行う場合，これを「標本調査」という。

　たとえば大学生を対象とする全数調査による研究を行いたい場合は，世界中の大学生全員が調査の対象となる。日本の大学生を対象とする全数調査による研究を行いたい場合は，日本中の大学生全員が調査の対象となる。しかし，世界中のまたは日本中の大学生を対象として全数調査を行うことは，通常の研究では無理であろう。そのような場合は，「母集団」を縮小した「標本」を対象とした標本調査を行い，その結果を一般化して論じることが多い。

　大学生を対象とする標本調査による研究を行いたい場合は，さまざまな大学，学部，学科の学生に対して，広く調査をするべきである。また，男女の比率も実際の大学生全体の男女比率に近いことが好ましい。これは，特定の大学や学部，学科の学生のみを対象に調査を行った場合に，その大学（学部，学科）の学生についての特徴をとらえることはできても，それがすべての大学生に当てはまるのかどうかが確かではないからである。同様に男性もしくは女性のみを対象とする研究を行うのでなければ，男性（女性）のみ，もしくはどちらか一方の性別に偏った調査結果から大学生全体の傾向を論じるのは危険である。しかし，実際の標本調査においても，母集団を完全に代表するような形で標本を抽出し，調査を行うことは困難である。このように標本調査においても，さまざまな制約がある中で結果を一般化しようとしていると言える。

　また，質問紙調査における調査協力者は，その質問紙の内容を十分に理解できるだけの言語能力（理解力）が必要である。逆に言うと対象者が理解できるような内容（表現，言い回し）の質問紙を作るべきである。また，調査の意図を知らない者であることが好ましい。その理由は，調査の意図を知った場合，研究者や調査者の意図に沿うような形でゆがんだ回答をする可能性が考えられるからである。

　基本的には，調査協力者は調査に協力する義務はない。大学の授業によっては研究に関連する調査や実験に参加することをコースクレジットとして選択的に義務づけている場合もあるが，あくまで調査は調査協力者の厚意を得て行うものであるということを忘れないでほしい。したがって調査協力者には常に感謝の気持ちをもって丁寧に調査をしてほしい。

　また，調査の依頼，ブリーフィング，デブリーフィングなど，自分たちが行う調査について説明する機会が複数あるが，そのような場合に説明する相手の多くは，自分たちよりもその研究に詳しくない人間である。そのため，説明の際には専門用語はできるだけ避け，わかりやすい言葉を用いることが求められる。

調査協力の依頼

調査のタイプ

　研究の対象となる集団に所属している人たち，もしくはその一部に依頼をして，調査協力者になってもらう方法は，さまざまある。調査法の分類としては，調査者が調査協力者に直接質問紙を配布，回収する「直接型」調査，質問紙の配布と回収を第三者に依頼する「間接型」調査という分類がある。そして，調査協力者一人一人に対して個別に調査の時間を設ける「個別

型」調査と，調査協力者に特定の場所に集合してもらい，そこで質問紙を配布，回収する「集団型」調査という分類もなされる。さらに，質問紙を配布したその場で回答してもらい回収する「対面回答型」と質問紙を配布した後，いったん持ち帰ってもらい後で回答してもらう「持ち帰り回答型」という分類がある。ここでは，大学の教員と学生に協力を求め，授業時間の一部を利用して調査を行う場合の手順を紹介する。このような調査は上記の分類でいうと「直接型」「集団型」「対面回答型」という特徴をもつ。

協力を依頼する授業の選択

　質問紙調査による研究を行う際に，どのくらいの人数の調査協力者を求めるかについてだが，研究目的や項目数，予備調査の結果など，さまざまな要素によって，好ましいとされる調査協力者の数は変化する。また，現実問題として，調査協力者数として好ましい人数の学生が受講しており，学生が特定の学部や性別に偏っていない授業を見つけるのは難しいかもしれない。よって，ここで想定している実習での調査においては，より研究の目的にあった人数で，性別や学部による偏りがなるべく少ない学生の集団からの調査への協力が期待できる授業を選択する。場合によっては複数の授業を使って調査協力者全体で性別や学部，学科などの偏りをなくすという方法もある。しかし，そのような場合にも少人数が受講する授業よりは，多人数が受講する授業の方が好ましい。また，依頼すれば確実に協力が得られるというものではないので，調査協力を依頼する候補となる授業は複数選択しておくとよいだろう。

調査協力の依頼

　調査協力者は調査に協力する義務はない，とすでに書いたが，実習の授業で調査を行わなければならなくなったからといって，教員にも自分の担当する授業で調査に協力する義務があるわけではない。そのため，形だけの依頼をすれば，すぐに協力してもらえるというわけではないし，協力してもらえるとしても，それはあくまで教員の厚意である，ということを依頼に行く前に理解してもらいたい。

　調査協力の依頼にあたっては，まず調査への協力を依頼したい授業を担当している教員のところに，話を聞いてもらうための時間をさいてもらえるようお願いに行く。これは研究法の話ではなく，礼儀の問題であるのだが，教員一人一人には仕事も予定もある。調査に関して時間をさいて話を聞いてもらうのだから，いきなり行って説明をするのではなく，最初は「実習の調査のことでお願いがあります。一度15分から20分ほどお時間をいただきたいのですが，いつでしたら先生のご都合がよろしいでしょうか？」と約束をとってほしい。なお，その際にはその教員に見せる，依頼状や質問紙，デブリーフィングの資料，そしてブリーフィングと調査実施の教示内容については完成の目処が立っている必要がある。いきなり何も持たずに教員のところに行って，「調査をしないといけないので，先生の授業で調査をさせてください」とお願いしたり，質問紙だけを持って「こんな質問紙を作ったのでデータを取らせてください」とお願いしたりするのではなく，きちんと協力のお願いをするための準備ができてから行くように心がけてほしい。

　調査への協力のお願いに行くときに，協力を依頼する教員に渡すべきものとして，依頼状，完成した質問紙は最低限必要である。何をお願いしたいのか，どんな質問紙を用いた調査をしたいのかが明確でないのに，貴重な授業時間をさいてもらうという約束はしてもらえないものと思ってほしい。また，その際に，ブリーフィングおよび調査実施時の教示，デブリーフィングの配布資料の原稿などをもっていくと，どのような手続きで，調査をするのかがわかりやすく，協力が得られやすいであろう。

　お願いにいったら，依頼状，質問紙とデブリーフィングの配布資料の原稿，ブリーフィング

依頼状の例

20○○年○○月○○日

○○○○（授業名）における調査へのご協力のお願い

○○大学○○学部○○学科○○○○（授業名）
A －○班　　　　　B －○班
学籍番号　氏名　　学籍番号　氏名
学籍番号　氏名　　学籍番号　氏名
学籍番号　氏名　　学籍番号　氏名
　　　・　　　　　　　　・
　　　・　　　　　　　　・
　　　・　　　　　　　　・

　私たちは○○大学○○学部○○学科○年の○○○○（授業名）という授業を履修しているものです。この授業において，自分たちで心理尺度を作成し，その妥当性を検討するという内容の実習を行っております。
　このたび自分たちで考えた尺度が完成し，その内容が自分たちの意図したものを測定できているか，自分たちの立てた仮説が正しいものであるか，の2点を検討する段階に至りました。これには，多人数の大学生に質問紙に答えていただく必要があります。
　そこで今期の○曜日○限に先生が開講されている○○○○（授業名）の講義の時間を割いていただいて，先生の講義を受けておられる学生を対象に調査をさせていただけないかと思い，本日お願いにあがりました。

（調査と分析の手続きについて）
　この調査に要する時間はおよそ○分です。調査の際にはグループの代表者が先生の講義なさっている教室にお邪魔し，ブリーフィング（調査前の説明），質問紙の配布，回収，デブリーフィング（調査後の説明）を行う予定です。講義開始時，終了時のどちらでも構いませんので，お時間を割いていただければと思います。
　データは統計的に処理し，全体的な傾向を把握するために用いられるため，個人の回答を問題にすることはありません。フェイスシートでたずねる個人の特定につながる可能性のある情報も○○，○○，○○，○○だけです。ただし先生の出席確認などのご要望があれば，学籍番号，氏名もたずねさせていただきます。また，データをコンピュータに入力し入力ミスのチェックを行った後，質問紙はシュレッダーにかけるなどして機密書類として適切に廃棄しますし，入力ミスのチェックが終わった時点で学籍番号や氏名はデータから削除しますので個人情報は守られます。

（調査の内容について）
　この調査は，大学生の攻撃性と小集団における集団目標達成意識，自己実現欲求を調べることを意図したものです。質問紙の構成は以下の通りです。

および調査実施時の教示を渡し，依頼状の中身に沿って説明を始める。まず，66 ページ，67ページに依頼状の例を挙げる。

協力の約束をしてもらえた場合

　依頼に行ったときに，協力するとの返事をもらえたら，その場で何日の何時からデータを取らせてもらうのか，授業開始直後，もしくは授業終了直前のどちらで時間をとってもらうのか，当日は何時頃に講義を行う部屋や部屋のドアの前に行けばいいのか，受講人数は何人で何部の質問紙を用意すればいいのか，などの打ち合わせをする。その後，質問紙とデブリーフィングの配布用紙について，必要な部数準備する。依頼に行った時点では返事が保留になり，後日協力してもらえることが決まった場合にも同様に，調査の打ち合わせと準備を進める。

最初の質問項目群は日本版 Buss-Perry 攻撃性質問紙（BAQ）です。これは，安藤・曽我・山崎・島井・嶋田・宇津木・大芦・坂井（1999）が日本語版の攻撃性質問紙として作成したものです。怒りの喚起されやすさである「短気」，他者に対する否定的な信念・態度である「敵意」，身体的な攻撃反応のしやすさである「身体的攻撃」，言語的な攻撃反応のしやすさである「言語的攻撃」のそれぞれを測定します。
　そして，2番目の質問項目群は「小集団における集団目標達成意識」に関するものです。こちらはＡ－○班が作った尺度です。この尺度は誰もが状況に応じてリーダー的存在になることができる小集団の中で，集団の目標が明確になったときに，その目標を達成すべくリーダーシップを発揮する程度を測るものです。「集団の目標達成を自ら率先する意識」と「集団の目標達成に向けて行動するようメンバーを促す意識」の2つの側面からとらえます。攻撃性が高いと比較的ネガティブなイメージをもたれやすいと考えられますが，攻撃性が低くても自己主張すべきときにできなかったり，他者の間違いに気づいても指摘できなかったり，というネガティブな側面があることが考えられます。ここから，リーダーの決まっていない集団の中でリーダーシップを発揮して，集団の目標を達成させようとする人にはある種の攻撃性が必要とされるかもしれない，と考えました。ポジティブな側面が注目されることの少ない攻撃性のポジティブな側面を探る試みとして，小集団における集団目標達成意識と攻撃性の関連を検討することは，攻撃性についての研究を積み重ねていくうえで意義のあることだと思われます。
　3番目の質問項目群は「自己実現欲求」を測るものです。こちらはＢ－○班が作った尺度です。「自己実現欲求」とは自己の潜在的な可能性や能力を開発し，発揮したいという自己成長に関連する欲求で，知的好奇心，達成欲求，審美的欲求も含まれると考えられています。この尺度では，自己の能力を高めたいという「自己向上欲求」，自分の能力を十分に発揮したいという「能力発揮欲求」，自分自身をよく知りたいという「自己認知欲求」，自分のなしえる最善を尽くしたいという「最善尽力欲求」のそれぞれを測定します。自己実現欲求を強く意識している状態は，自己実現欲求が満たされていないということを意味し，その欲求の不満によってその人間の攻撃性が高まると考えられます。しかし，自己実現欲求は生理的欲求，安全の欲求，所属欲求，尊重欲求など，自己実現欲求よりも低次と位置づけられる欲求を部分的にも充足している人間がもつ欲求であるとされており，自己実現欲求以外の欲求の充足が攻撃行動を抑制する，つまり攻撃性が低くなるとも考えられます。ここから自己実現欲求と攻撃性の関連を検討することは，欲求と攻撃性の関連を研究するうえでも意義あることだと思われます。

（質問紙の構成について）
　質問紙はフェイスシートも含めて○枚で構成されています。○ページから○ページは日本版 BAQ，○ページから○ページはＡ－○班の「小集団における集団目標達成意識」，○ページから○ページはＢ－○班の「自己実現欲求」に関するものです。

（調査の責任者について）
　○○○○（授業名）の担当教員は○○○○，○○○○，○○○○，○○○○，○○○○，○○○○です。もし調査実施上問題が生じた場合には，○○学部○○学科教員の○○○○もしくは○○○○までご連絡いただきますようお願いします。

協力を断られた場合

　依頼をしたとしても，必ずしもその場で協力してもらえるかどうかの返事もがもらえるわけではないし，必ず協力することを約束してもらえるわけではない。あくまで相手の厚意によって調査に協力してもらうという形なので，授業の進行状況や，すでに依頼されている調査との兼ね合い，さまざまな事情から断られることは考えられる。何らかの事情により調査への協力を断られた場合は，次の候補となる授業を担当している教員のところに行き，同じように話を聞いてもらう時間を確保して，調査への協力の依頼をしてほしい。

ブリーフィングと調査実施時の教示

ブリーフィングとは

多人数の調査協力者に集まってもらい，一斉に回答を求めるような集団での質問紙調査において，調査者はまず調査協力者に調査についての説明を行い，質問紙の配布を行う。この質問紙を配布し，回答をもとめる際の事前説明，調査者が行う簡潔な状況説明のことをブリーフィングという。ブリーフィングは個別調査や実験においても同様に，調査および実験を行う際に行われる。ここでは，集団調査でのブリーフィングと質問紙の配布から回答を得た質問紙の回収までの一連の流れについて，気をつけるべきポイントを紹介する。

調査の手続き

調査者が調査時にやるべきことは以下のような流れとなる。なお，質問紙を回収した後，調

ブリーフィングおよび調査実施時に話す教示内容の例

ブリーフィングおよび調査実施時の教示

おはようございます（こんにちは）。はじめまして。私は○○学部○○学科の○○○○です。本日は貴重なお時間を割いて，調査にご協力いただき，ありがとうございます。
　これからみなさまには○○○○（質問紙のフェイスシートに書いてある調査名）に関する調査にご協力いただきたいと思います。この調査は私たちが履修している授業の一環として行っているものです。今から質問紙を配布します。1人1部ずつ受け取ってください。

　　　　（調査に同行したメンバー全員で配布開始〜配布終了）

　この質問紙は表紙を含め，○ページで構成されています。受け取った用紙のページ番号を見て，ページ番号が正しく並んでいるか確認してください。もし，順番通りに並んでいなかったり，ページが足りなかったりした場合は質問紙を交換します。そのような質問紙を受け取った方がいらっしゃいましたら手を挙げていただけますか？

　　　　（挙手があった場合は，質問紙を交換する。）

　では，質問紙の回答方法について説明させていただきます。まだ回答を始めずに，質問紙の表紙をご覧になりながらお聞きください。

　○ページから○ページにかけて，いくつかの質問項目があります。これらはすべて，正しい答えや間違った答えというものはありません。また，回答はすべてコンピュータにより統計的に処理され，個人のデータではなく，全体の平均や標準偏差などを扱います。回答した内容から個人が特定されるようなことや，回答内容が研究以外の目的で利用されることはありません。質問紙はデータをコンピュータで処理した後，シュレッダーにかけて処分します。ですから，自分が思ったとおりに正直に答えてください。また，あまり考え込まず，率直に答えてください。
　回答する際には，それぞれの質問をよく読み，1つの項目もぬかさず，すべての項目に答えてください。回答のし忘れや1つの項目への複数回答などがありますと，せっかくのデータを分析に用いることができなくなり，みなさんの貴重なデータが無駄になってしまいます。ですから，回答終了後にすべての項目に間違いなく答えたか確認をお願いします。
　この調査に対する感想等がありましたら，すべての項目に回答し，書き漏らし等がないことを確認したあとで，質問紙の最後のページの裏に記入してください。

査協力者に対してデブリーフィングを行うのだが，デブリーフィングについては後述する。

1. 挨拶とブリーフィング（説明）を行う（自分たちが何者なのか，これから何をしたいと思っているのか，どれだけの時間と手間をさいて協力してほしいと思っているのか）
2. 質問紙を配布する
3. 質問紙に関するブリーフィング（説明）を行う（乱丁落丁の確認，回答方法の説明，質問やトラブルがあったときの対応，回答後の余った時間の使い方，回収方法の説明）
4. 調査協力者に質問紙に回答してもらう
5. 全員の回答が終わったことを確認する
6. 質問紙の回収方法を説明（確認）する
7. 質問紙を回収する

調査協力者の前に立ってブリーフィングを行う場合，質問紙の配布，回収も含めて，どのタ

　　また，回答中に質問項目などについての疑問がございましたら，手を挙げてください。説明にうかがいます。では，ここまでで何かわからないことはある方は手を挙げてください。

　　　　（質問があれば，それにすべて答える。）

　　よろしいでしょうか？　では，お待たせしました。回答を始めてください。お願いします。

　　　　（途中で挙手する人がいれば，その人のところに行って質問に答える。その際，質問を受けた人間にわからないことがあったら1人では判断せず，その場にいる班のメンバーで話し合ったうえできちんと意思の統一がとれた返答をする。）

　　　　（調査協力者全員が回答を終了したようであれば以下のように声をかける。）

　　みなさん。回答はすべて終わったでしょうか？　まだ終わっていないという方がいらっしゃいましたら，手を挙げてください。

　　　　（挙手があれば「ではもう少し待たせていただきます」と言って，待機。挙手がなければ次に進む。）

　　では，最後に質問項目に回答のし忘れや間違いがないか確認をお願いします。表紙の回答欄と○ページから○ページにかけての○個の質問項目すべてに回答していることを確認してください。

　　　　（全員が確認し終わったら次に進む。）

　　お疲れさまでした。それでは今から質問紙を回収させていただきます。質問紙の回収と同時に，今回の調査の内容を説明した紙をお配りしますのでご覧ください。

　　　　（メンバーで質問紙を回収し，デブリーフィング用の配布資料を配布，デブリーフィングを行う。）

　　それではこれで調査を終了させていただきます。ご協力本当にありがとうございました。

　　　　（全員退室する。授業終了後，調査の協力に時間をさいてくれた教員にお礼を述べにいく。）

イミングで何をするのかは事前にきちんと決めて，シナリオを作っておく。グループで研究をするような場合で，調査者として複数の人間が調査に同行できる場合は，ブリーフィングおよびデブリーフィングなどで調査協力者に話をする人間以外に，質問紙の配布，回収を行う人間がいた方が好ましい。また，そのように1つの会場で複数の調査者が協力して調査を行う際には，誰がブリーフィングおよびデブリーフィングをして，誰が質問紙の配布と回収をするのかを前もって決めておく。

質問紙が手元にない状態で質問紙の内容についての説明をされても，調査協力者は説明を理解するのが難しい。調査者は最初に調査協力者に対して挨拶をし，自己紹介をしたら，質問紙を配布し，その後質問紙についての説明を行ったほうがよいだろう。

調査時の心構えについて

複数の調査者が同一会場で調査に携わる際には，どのような流れで調査をするのか，誰が前に出て話をするのか，その人間が何を話すのかなどをその会場にいる調査者全員で共有しておくべきである。調査の手順，話す内容などはプリントアウトしたものを全員が持ったうえで，全員の頭の中に入れておいてほしい。

そして，前に出てブリーフィングを行う調査者が，言うべきポイントを飛ばして話をしてしまうなどして，調査が不十分な説明や誤った手続きで進められそうになった場合，そのことに気づいた他の調査者が，すぐに修正をしてほしい。不適切な手続きで調査が行われようとした場合に，気づいていながら何もしないという対応は，好ましくない。

他の手続きに関しても，誰かがミスをしたら，自分以外の誰かが修正するだろう，もしくはそのままでも別に問題ないだろうなどと考えるのではなく，気づいた人間が訂正・修正するということを徹底してほしい。調査において最も大事なのは，適切な手続きでデータを収集することである。気づいたらその場でできることをきちんとやるようにしてほしい。

また，調査に行く際の服装であるが，たとえば質問紙調査において，調査者が男性である場合きちんとネクタイを締め，スーツを着たりすることはよくある。また，時として白衣を着ることもある。これらは，調査の回答が厳密さを要するものであることを調査協力者に伝えるための一つの方法である。質問紙の印象だけでなく，調査者の印象も，調査協力者の調査に対する態度に影響する。調査者として調査に行く場合は極端に華美な服装はさけるなどしてほしい。

ブリーフィングおよびデブリーフィングの際に調査協力者の前に出て話す人間がきちんと調査内容を把握していない，教示を調査協力者が聞き取れないほどの小さな声で行う，教示内容を話すスピードが速すぎるなど，調査協力者が教示の内容を理解できないような事態を引き起こすことは調査協力者の調査への取り組みに悪影響を与える。ブリーフィングとデブリーフィングは事前に内容や順序が適切であるかの確認と伝わるように話す練習をし，原稿ばかりを見ながら話すのではなく，ある程度調査協力者の顔を見渡しながら話せるように，話す内容を覚えて，調査に臨んでほしい。

また調査協力者が回答中に，（複数の調査者が室内にいる場合）調査者同士，または調査者と調査協力者が調査と関係のない話をしている，などのいい加減な印象を与える行動も，調査協力者の調査に対する取り組みに悪影響を与えるので，慎むべきである。

ブリーフィングおよび調査実施時の教示

複数の調査者が調査に参加できる状態で調査を行う際のブリーフィングおよび調査実施時に話す内容を68ページ，69ページに例示する。この教示は調査協力を依頼したい教員のところへ説明に行く時点で完成させておき，資料として見せることが望ましい。

デブリーフィング

　質問紙調査において，その質問紙が何を測るものなのかを事前に知らせることは，回答に影響を与える可能性が考えられるので避けるべきである。たとえば，ネガティブな特性であると一般的に思われるようなタイトルがついていれば，ついつい多くの項目になるべく「いいえ」または「当てはまらない」と答えたくなるだろう。そのため，質問紙には何を測るのかは明示せず，「大学生の意識調査」「生活調査」などの曖昧なタイトルをつけることが多い。

　つまり，調査を行う段階では，調査の意図を知らせずに調査協力者に協力を求めているのである。そのため，質問紙の回収が終わった後で，この質問紙が実は何を測るものであったのか，実は何を意図して調査に協力してもらったのか，この研究についてどんな風に自分たちは考えているのか，などを報告し，調査協力者の質問にはできるだけ答える必要がある。このような調査終了後の調査協力者への説明と，調査協力者からの質問に対する回答を総称してデブリーフィングという。

　デブリーフィングの必要性については，みなさん自身が調査協力者になったときのことを想像すればわかってもらえるのではないかと思う。何を調べているのかよくわからない調査に真面目に協力することを求められ，一生懸命回答をした後，質問紙が回収されて「お疲れさまでした」の一言で終わる。このような状態では説明がないことに納得しがたい気持ちになるのではないだろうか。つまり，調査に協力を求めたのなら，協力を求めた側には，調査に関して説明をする責任が生じるのである。

　デブリーフィングに関しては，全員分の質問紙の回収が終わった後，資料を配布し口頭で説明をし，調査協力者から質問があれば受け付け，その場で回答できるものはその場で回答し，できないものは後から連絡をとる，という形がとられることが多い。デブリーフィングの口頭での説明および配布資料の内容としては以下のものが含まれることが一般的であろう。

1. 調査への協力のお礼
2. 何の調査を何のためにしたのか？
3. 結果について質問などがあった場合の問い合わせ先
4. 個人情報の扱いと，全体的な結果が明らかになる時期

　本来，デブリーフィングはきちんと時間をとって行うべきものである。ただし，授業時間を利用して調査を行う場合，調査に利用できる時間などの関係で，全員の質問紙を回収した後に，口頭でデブリーフィングを行う時間がとれないようなケースも見られる。それでもデブリーフィングのための配布資料を配ること，調査への協力のお礼をいうことだけは忘れないようにする。次ページはデブリーフィングに用いる配布資料の例である。

デブリーフィングでの配布資料の例

20○○年○○月○○日

調査にご協力いただいたみなさまへ

○○大学○○学部○○学科○○○○（授業名）
A−○班　　　　　　　B−○班
学籍番号　氏名　　　学籍番号　氏名
学籍番号　氏名　　　学籍番号　氏名
学籍番号　氏名　　　学籍番号　氏名
　　・　　　　　　　　　・
　　・　　　　　　　　　・
　　・　　　　　　　　　・

　本日は調査にご協力いただき，本当にありがとうございました。今回の調査は，「攻撃性」とそれに関連すると思われる「小集団における集団目標達成意識」「自己実現欲求」の関連を検討するために行ったものです。

　みなさんにお答えいただいた最初の質問項目群は攻撃性に関するものでした。この尺度は攻撃性を，怒りの喚起されやすさである「短気」，他者に対する否定的な信念・態度である「敵意」，身体的な攻撃反応のしやすさである「身体的攻撃」，言語的な攻撃反応のしやすさである「言語的攻撃」の4つの側面からとらえるものです。

　そして，2つめの質問項目群は「小集団における集団目標達成意識」に関するものでした。この尺度は誰もが状況に応じてリーダー的存在になることができる小集団の中で，集団の目標が明確になったときに，その目標を達成すべくリーダーシップを発揮する程度を測るものです。「集団の目標達成を自ら率先する意識」と「集団の目標達成に向けて行動するようメンバーを促す意識」の2つの側面からとらえます。リーダーの決まっていない集団の中でリーダーシップを発揮するようになる人にはある種の攻撃性が必要とされるようです。そこで，「攻撃性」との関連を調べるべく，今回この調査を行いました。

　3つめの質問項目群は「自己実現欲求」に関するものでした。「自己実現欲求」とは自己の可能性や能力を開発し，発揮したいという自己成長に関連する欲求です。今回は「自己向上欲求」「能力発揮欲求」「自己認知欲求」「最善尽力欲求」の4つの側面から測らせていただきました。自己実現欲求を強く意識している状態は，自己実現欲求が満たされていないということを意味し，その欲求の不満によってその人間の攻撃性が高まると考えられます。しかし，自己実現欲求は，生理的欲求，安全の欲求，所属欲求，尊重欲求などの欲求を部分的にも充足している人間がもつ欲求であるともされており，それらの欲求が満たされることで攻撃性が低くなるとも考えられます。この点を明らかにすることを意図して調査を行いました。

　今回の調査の分析結果などについてお問い合わせ，ご質問がありましたら，○○学部○○学科教員の○○○○（授業の担当教員）までご連絡ください。ただし，個人情報の保護に万全を期するため，すべてのデータを入力した後に質問紙はシュレッダーにかけ，入力したデータにつきましても個人情報を消去して分析しますので，集計後の個人得点など個人的なデータについてはお答えできません。また，分析結果につきましては，データの入力および分析に多少の時間が必要であるため，お答えできるのは今学期終了後となることをご理解ください。

　今回は本当にありがとうございました。ご協力に感謝いたします。

文　献

安藤明人・曽我祥子・山崎勝之・島井哲志・嶋田洋徳・宇津木成介・大芦　治・坂井明子　（1999）．日本版 Buss-Perry 攻撃性質問紙（BAQ）の作成と妥当性，信頼性の検討　心理学研究，**70**, 384-392.

Buss, A. H., & Perry, M. （1992）．The aggression questionnaire. *Journal of Personality and Social Psychology*, **63**, 452-459.

9 セルフ・ハンディキャッピング尺度

　セルフ・ハンディキャッピングとは，何かをすることで自分の実力が明らかになるような場面，または失敗すると自己評価や社会的な評価が低くなるような場面で，他人に自分の弱い部分を見せるということを目的としてとられる自己提示の方略である。

　具体的には，問題や弱点，欠陥などが自分にあることを認める，または失敗するという結果につながるような行動を意図的にとる，などという行動として表れる。このセルフ・ハンディキャッピングを行うことで，失敗，または成功という結果が出た際にその結果が出た原因を何に求めるか（これを帰属という）のコントロールが可能になる。

　セルフ・ハンディキャッピングを行っておけば，失敗したとしても，自分の能力が低いことだけが理由ではないという言い訳をして，自分の評価を下げないですむ。これを「割引原理」という。また，成功した場合には，このような悪い条件の中でも成功したということで，自分の能力の高さが割り増しされる。これを「割増原理」という。

　セルフ・ハンディキャッピングは，ベストをつくさないことで「自らの能力や可能性の限界を知って（知られて）傷つく」という状況を避ける方略である。しかしこの方略からは，「自己の限界や欠点を知った上でのさらなる努力やそれに伴う成長」は期待できない。これが慢性化すると知識や技能などの正常な習得，学業や仕事などの正常な遂行を妨げることになる。そういった意味で青年期のセルフ・ハンディキャッピングが，青年に何をもたらすか，または青年のどのような特性と関連しているかについて検討することは重要であると考えられる。

　沼崎・小口（1990）のセルフ・ハンディキャッピング尺度は，セルフ・ハンディキャッピングという自己提示の用いやすさの程度を測定するものである。この尺度は，11項目の「やれない因子（"can't" factor）」，7項目の「やらない因子（"wouldn't" factor）」，「その他」の5項目の合計23項目で構成される。

　やれない因子とは，目的に向かって行動しようとしても，自分ではコントロール不可能な障害があるために行動できないことを示す傾向を測るものであり，「感情に邪魔されなければ，もっとうまくできるのにと思う」「非常に落ち込んでしまい，簡単なことさえなかなかできなくなってしまうことが時々ある」などの項目から構成されている。

　やらない因子とは，障害は自分でコントロールできても目的に向かって行動しようとはしないことを示す傾向を測るものであり，「どんなことでも，いつでもベストをつくす（逆転項目）」「何事にもベストでのぞめないのはいやだ（逆転項目）」などの項目から構成されている。

　教示は，「以下の項目に関して，あなたにどの程度当てはまるかどうか，選択肢の番号に○を付けて回答してください。その際，以下の点に注意してください。①正しい回答や間違った回答はありません。②あまり考え込まずに回答してください。③周りの人と相談しないで自分の思ったまま回答してください。④周りの人の回答を見たりしないでください」というものである。それぞれの質問項目について「非常によく当てはまる（6点）」「当てはまる（5点）」「やや当てはまる（4点）」「やや当てはまらない（3点）」「当てはまらない（2点）」「まったく当てはまらない（1点）」の6段階で評定を求める形式になっている。得点算出の際には，2つの因子得点と同時に，「その他」の項目も含むすべての項目をあわせた「セルフ・ハンディキャッピング尺度得点」が算出されるが，それも用いられる。

（遠山孝司）

文献

沼崎　誠・小口孝司　(1990)．大学生のセルフ・ハンディキャッピングの2次元　社会心理学研究, **5**, 42-49.

10 データの入力・整理

はじめに

　質問紙調査を無事に終えたならば，次の作業は，回収した質問紙のデータを分析することである。一般的に，質問紙調査で得られるデータは，多数の項目に対する大勢の被調査者（調査協力者）の回答からなる。そして，この分析にあたっては，統計的仮説検定や，変数間の相関の算出を行ったり，研究目的によっては，多変量解析などの複雑な分析まで行ったりする必要も出てくる。こうした分析を効率的に進めていくためには，コンピューターの表計算ソフト（Microsoft Excel など）や統計解析ソフト（SPSS など）を有効に活用することが望まれる。

　コンピューターを用いてデータを分析するためには，まずはデータを入力する作業が必要である。そこで本章では，質問紙調査のデータを，コンピューターに入力し，整理するまでの手続きについて説明し，一連の作業の中で注意すべきことがらについても併せてふれることにしたい。なお本章では，一般のコンピューター用ソフトとして普及しており，データ分析に際して扱いやすい Microsoft Excel（以下，Excel）を用いて入力作業を行うことを前提に，話をすすめていくことにする。

通し番号の記入

　データの入力に先立ち，回収された質問紙の冊子には，1つ1つに「通し番号」をつけておかねばならない。そして，その通し番号を，被調査者から得たデータとともに，Excel 上に入力するのである。こうすることで，入力されたデータと，元の質問紙の冊子とを，速やかに照合することが可能となる。もしこの手続きを怠ると，たとえば後でデータ入力上の不備が判明したときに，どの冊子の入力の際に問題があったかをすぐに見つけられず，結果として膨大な

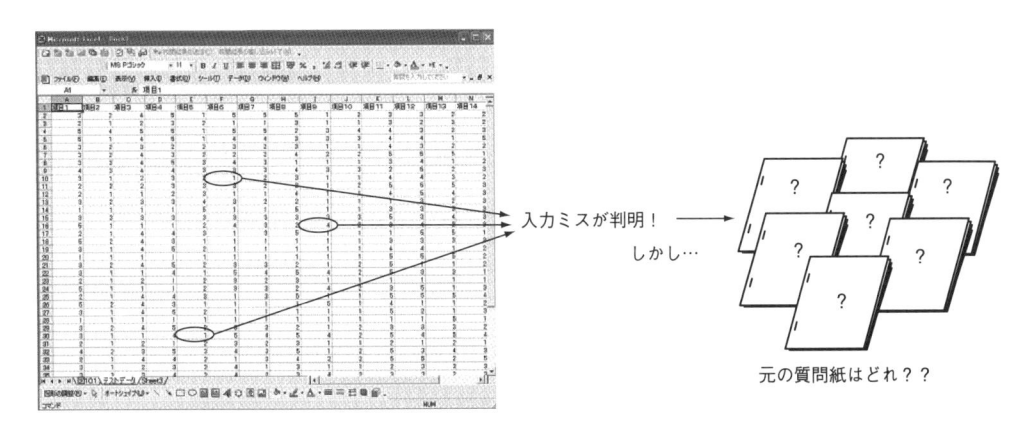

図10.1　質問紙の冊子に通し番号がないことで生じる問題の代表例

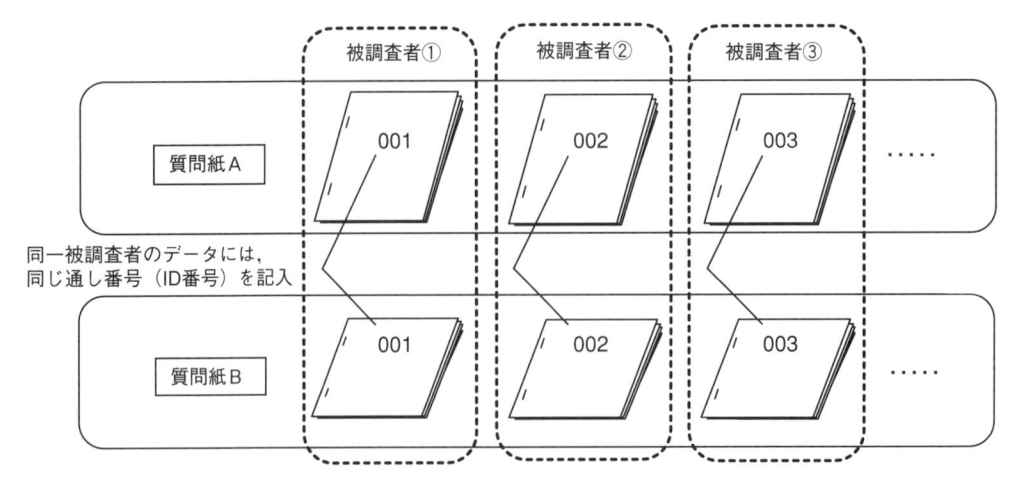

図10.2 複数の質問紙を同一被調査者に実施した場合の通し番号

質問紙の冊子を，一から見直さなければならないことになるのである（図10.1）。

通し番号は，質問紙の表紙などのわかりやすい位置につける。番号のつけ方は，たとえば被調査者が100人であれば，「001」から開始して「002」「003」……「099」「100」というようにするとよい。

もしも，調査の都合により，実施した質問紙が2冊以上の別々の冊子からなっており，それぞれの質問紙で得られたデータがいかなる関連をもっているかについて検討する必要があるならば，同一の被調査者によって回答された質問紙には，同じ通し番号をつけておかねばならない。つまり，ある被調査者に回答された質問紙の通し番号として「008」がつけられたならば，同一の被調査者によって回答された他の質問紙の通し番号も「008」としておく必要がある（図10.2）。特に，通し番号のこうしたつけ方については，特定の集団を対象とした，ある訓練の効果を検証するためのプレテスト（訓練前のテスト），ポストテスト（訓練後のテスト）の分析や，縦断的研究として追跡調査の分析を行ったりする際には，特に注意しておかねばならない。質問紙につけられる通し番号は，一連の研究の期間中に各被調査者に割り当てられるID（identification）番号であると理解しておくとよい。

これは補足的な注意であるが，筆者がかつて質問紙調査に関する実習の授業を担当した際に，ある調査グループが，入力作業を分担しながら効率的に入力したいという理由から，ホチキス止めの冊子になっていた質問紙を分解してしまったケースがあった。その結果，どの紙面が，どの被調査者の質問紙かがわからなくなってしまったのである（図10.3）。これでは，変数間の相関をはじめ，因子分析などの多変量解析などができなくなり，せっかくのデータが，心理学的現象の理解のために使えないことになってしまう。もちろん，質問紙のすべての紙面に表

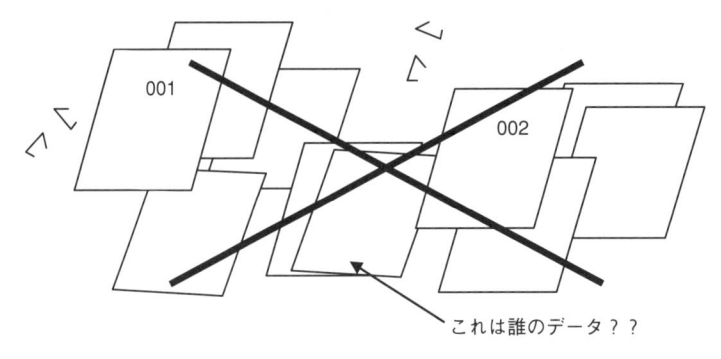

図10.3 質問紙の分解がもたらす災い

紙と同じ通し番号がつけられているのであれば，こうしたことをしても差し支えはないが，すべての紙面に通し番号をつけるという作業自体が必ずしも効率のよい作業であるとはいえないので，あまりすすめられない。

なお，通し番号をつける作業を助ける道具として，「ナンバリング」という事務用品（紙面に数字を効率的に打ち出すことができるスタンプの総称。印字すると内蔵する文字輪が自動的に回転するため，「001」「002」「003」などと連続して打つことができる）がある。こうした道具が入手可能であるのならば，ぜひ有効に活用するとよいだろう。

データの入力

Excelには，同じ被調査者による回答が一行（横）に並び，同じ項目への回答が一列（縦）に並ぶように入力する。一般的な統計解析パッケージでは，こうした配列のデータであることを前提として分析ができるようになっているからである。

このことに基づき，各回答項目を表す「変数名」については，先頭行に入力する。また，各

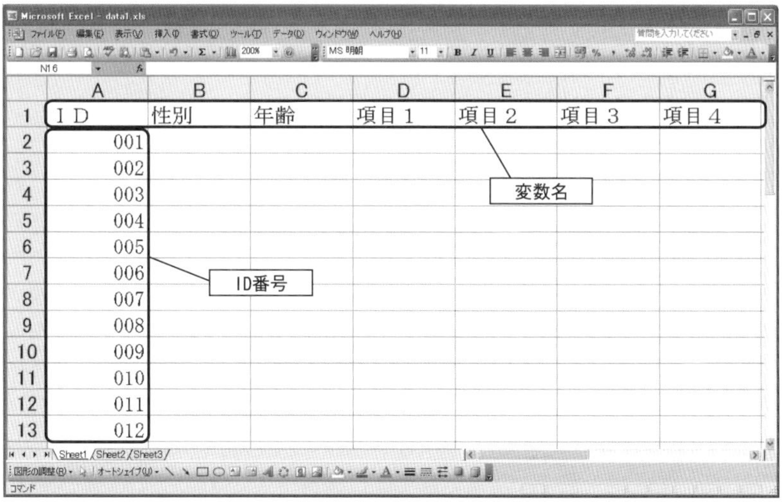

	A	B	C	D	E	F	G
1	ＩＤ	性別	年齢	項目１	項目２	項目３	項目４
2	001						
3	002						
4	003						
5	004						
6	005						
7	006						
8	007						
9	008						
10	009						
11	010						
12	011						
13	012						

図10.4　変数名ならびにID番号の入力

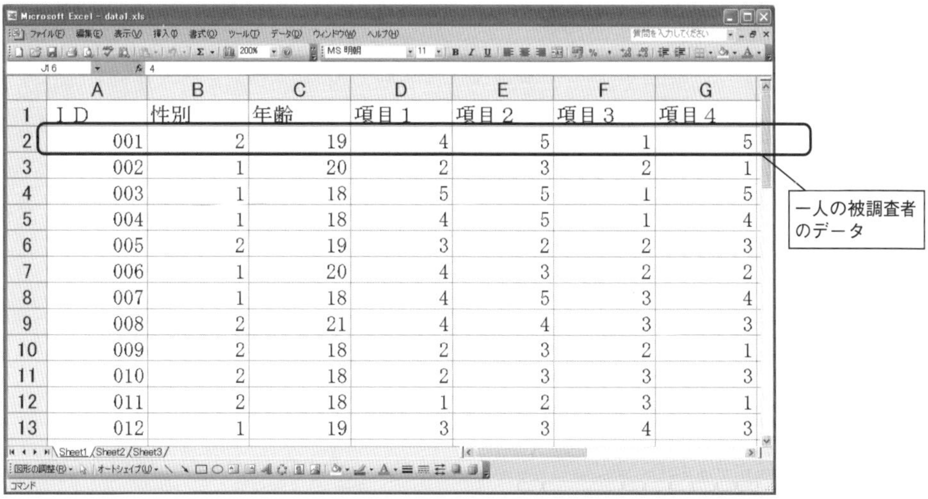

	A	B	C	D	E	F	G
1	ＩＤ	性別	年齢	項目１	項目２	項目３	項目４
2	001	2	19	4	5	1	5
3	002	1	20	2	3	2	1
4	003	1	18	5	5	1	5
5	004	1	18	4	5	1	4
6	005	2	19	3	2	2	3
7	006	1	20	4	3	2	2
8	007	1	18	4	5	3	4
9	008	2	21	4	4	3	3
10	009	2	18	2	3	2	1
11	010	2	18	2	3	3	3
12	011	2	18	1	2	3	1
13	012	1	19	3	3	4	3

図10.5　入力されたデータの一部

質問紙につけられた通し番号は，被調査者の「ID番号」として，データの入力の際に，左端の先頭列に入力するとよいだろう（図10.4）。

図10.5は，Excelに入力されたデータの一部である。一人分のデータが，図のように横に並ぶことになる。

「性別」といった変数についても，名義尺度として数値を割り当てて入力する。性別（男・女）の場合も含め，名義尺度でどの属性にいかなる数値を割り当てるかは自由だが，各名義に何の数値を割り当てたかについては，忘れないようにしておかねばならない。

欠損値の扱い

回収された質問紙をチェックすると，部分的に無回答になっている箇所がある。これを，欠損値と呼ぶ。欠損値を含むデータの分析方法は，大きくは次のとおりである。

①欠損値を含む被調査者のデータについて，その欠損値が影響しない分析では活用するが，欠損値が影響する場合は，分析対象から除外する。
②欠損値の箇所に，他の被調査者たちのデータから算出された平均値を入力して，以後の分析を行う。
③欠損値を一つでも含む被調査者のデータは，すべて分析対象から除外する。

いずれの分析を行うかについては，データ数や分析内容に応じて適宜判断することになる。

欠損値の入力の際には，該当箇所にピリオド（.）を入力する。SPSSのような統計解析ソフトにおいては，ピリオド（.）を入力しておくことにより，分析のオプションで，先の①から③のいずれの分析を採用するかについては容易に選択ができる。しかしExcelで分析する場合は，欠損値をどのように扱うかについては，分析する側の人間が，細心の注意を払う必要がある。

Excelで平均値や相関を検討する場合においては，欠損値にピリオド（.）を入力しておくことで，自動的に①の要領で分析が行われることになる。しかしながら，たとえば，被調査者ごとに，「項目1」と「項目2」の合計点を算出するなど，複数の項目の計算結果を算出する場合，分析する側が注意をしていないと，誤った分析を行うことになってしまう。この例の場合，本来ならば，ある被調査者の「項目1」の点数が欠損値ならば，「項目2」の得点に数値が示されていても，両者の合計点は欠損値として処理しなければならない。ところが，Excel上で，「項目1」と「項目2」の合計を算出するとき，関数（sum）やその他の計算式を機械的に用いると，ピリオド（.）＝0点として扱われてしまう。結果として，合計得点は「項目2」の値がそのまま導かれ，欠損値として処理されないことになる。そこで，こうした問題を避けるためにも，こうしたデータの分析に関する初学者は，先述の③の方法を採用し，全データの入力後は，ピリオド（.）が含まれる被調査者のデータについては分析対象外となるように，別のExcelシートに移動させるなどをしておくことが望ましい。

仮に，欠損値の扱い方として③を採用するのであれば，そもそも欠損値を含むデータは，Excelに入力しなくても差し支えないともいえる。しかし，まずはすべての被調査者のデータをきちんと入力しておいてもらいたい。すべてのデータが入力されていることで，少なくとも，全被調査者の数を記録しておくことにつながる。また，欠損値の見られた項目が，複数の被調査者で共通していることがよくある。こうした場合，被調査者にとって回答しにくい内容であったなど，項目自体に何らかの欠陥のある可能性も考えられる。すべての被調査者のデータを入力しておくことで，欠損値が頻出した項目が把握でき，その項目内容が，適切なものであったかどうかについての確認にもつながるのである。

逆転項目の扱い

　心理学の質問紙で使用される質問項目には，逆転項目（反転項目）とよばれるものを意図的に含めることがよくある。逆転項目については，たとえば1点から5点までの5件法の間隔尺度からなる項目であれば，回答者の得点を，1点であれば5点に，2点であれば4点，4点であれば2点に，5点であれば1点というように，可能得点範囲内で数値の大小関係を反転して処理する必要がある。逆転項目の処理については，データの分析に着手する前に行っておいた方がよい。

　逆転項目を処理する計算方法を，公式で示すと，下（A）のようになる。

$$y = a + b - x \quad \cdots\cdots \text{(A)}$$

　　　　注：aは，項目の可能得点範囲の最小値。
　　　　　　bは，項目の可能得点範囲の最大値。
　　　　　　xは，質問紙上で示された（逆転項目処理前の）被調査者の値。
　　　　　　yは，逆転項目処理後の被調査者の値。

　下には，上の式を用いたときの，逆転項目の得点の変換例を示しておく。例の要領にしたがって，必要に応じて，逆転項目の数値を変換されたい。

　例：項目における最小値が1点，最大値が7点の7件法の尺度における逆転項目で，被調査者の得点が5点の場合の処理後の値

$$a = 1, \ b = 7, \ x = 5 \ \text{より，}$$
$$y = 1 + 7 - 5 = 3$$

よって，変換後の値は，3点となる。

　Excelを用いるのであれば，上の（A）に相当する式を，変換後の得点を示したい列に入力することにより，すべての被調査者の逆転項目の値は，簡単に変換することができる。すべての被調査者のデータのセルに，半角にて以下の要領で，（B）の式を入力するとよい。

$$= a + b - * \quad \cdots\cdots \text{(B)}$$

　　　　注：aには，項目の可能得点範囲の最小値を入力する。
　　　　　　bには，項目の可能得点範囲の最大値を入力する。
　　　　　　＊には，該当する被調査者における，逆転項目処理前の値が入力されているセル（「E5」「G10」など）を指定する。

入力されたデータの誤りの検出

たくさんのデータを入力した場合，どうしても入力ミスが生じてしまうものである。そうとはいえ，誤ったデータで分析を進めていくことは，どうしても避けたい。そこで，入力されたデータが正しいかどうかについてのチェックはきわめて重要な作業である。

入力されたデータの誤りを検出する基本的な方法は，入力データを印刷出力して，元の質問紙のデータと照合するという方法である。しかし，この方法は，たくさんのデータを目視によって見直す作業であることから，誤りの箇所を見落としてしまう可能性が高い。

入力の誤りを検出するためのより精度の高い方法として推奨したいのは，まったく同じデータを Excel 上に同じ様式で2度入力して，Excel の表計算の機能を使って検出するというもの

同じセルに，対応するデータが入力されているかを確認

シート名「Sheet1」　　シート名「Sheet2」

Sheet3 の各セルに，「=Sheet1!**-Sheet2!**」
（** は，各セルの場所を表す記号）を入力する

「1」「-1」など、
「0」と異なる数値

これらのセルに対応する
Sheet1 あるいは Sheet2 の
データに，入力ミスのある
可能性大

シート名「Sheet3」

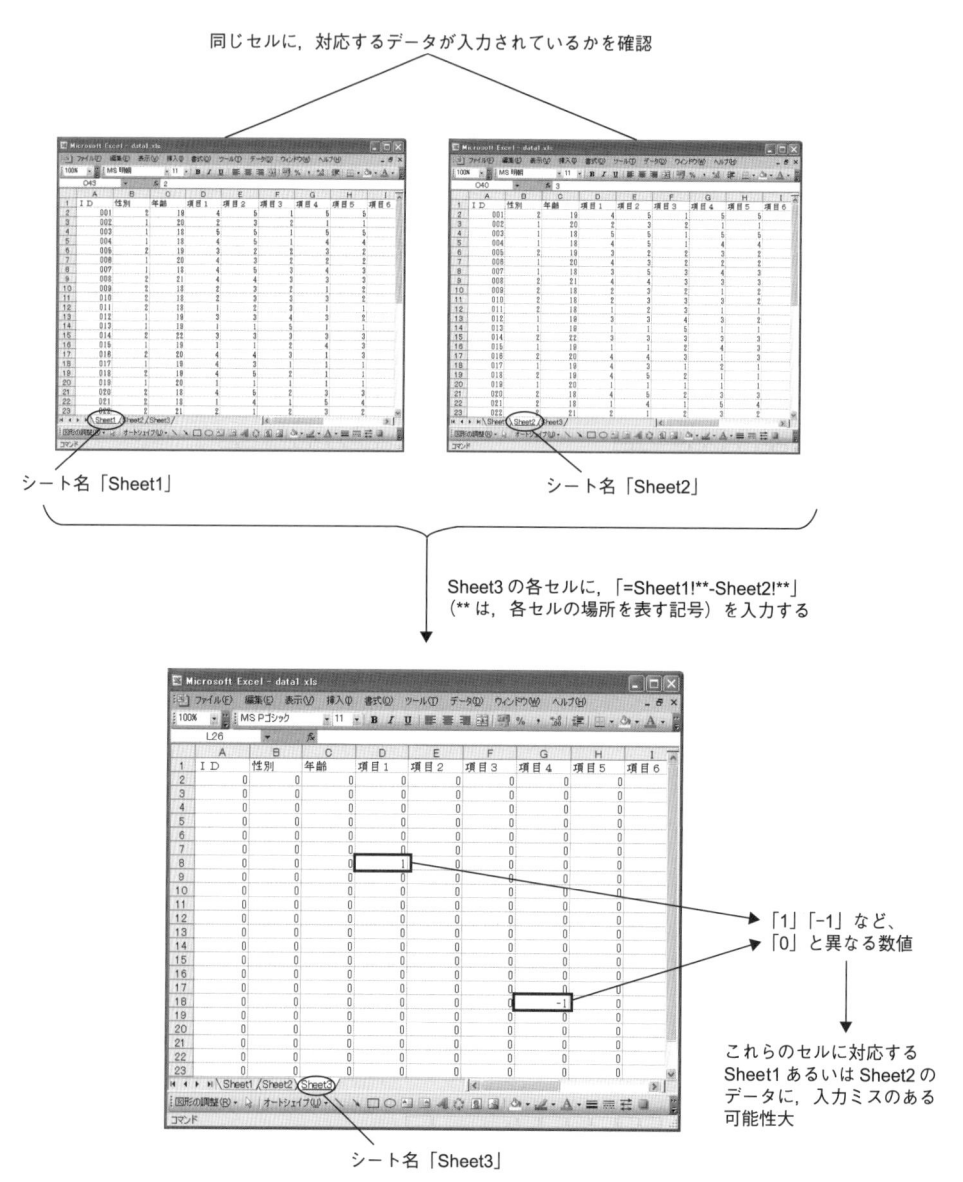

図10.6　入力されたデータの誤りを検出する方法（データを2回入力する方法）

である。ここでは，この方法を行うための手続きを紹介しよう。

　まずは，本章のこれまで説明に基づいた手続きにしたがって，Excelのシートにデータの入力を行う。そして，この入力作業を，別のExcelのシートに，まったく同じ要領で再度行うのである。もっとも1人の人間が同じデータの入力を2度行うのは，きわめて根気のいる作業である。そのため，もしも共同研究で質問紙調査を行っているのであれば，2人が別々に各1回の入力作業を行うようにするとよいだろう。

　入力が完了した2つのデータを見比べて，まったく同じ位置のセルに，同内容のデータが配置されていることを確認する。ここで，それぞれのデータを2つの別々のExcelファイルに入力していたのであれば，1つのExcelファイル内の2つのシートにコピーしてまとめるとよい（以下シート名は，図10.6のように，それぞれSheet1，Sheet2とする）。この時点では，同じ数値がそれぞれのシートに入力されているかを丹念に調べる必要はない。

　次に，Excelの別のシート（以下，Sheet3）を開き，各セルに，Sheet1およびSheet2における，対応するセルに入力された値の引き算の結果を出力するようにする。その具体的な方法は，次のとおりである。まずはSheet1およびSheet2において，データが入力されている一番左上のセルに注目して，これに対応するSheet3のセルに，下のような数式（C）を半角で入力するのである。なお，ここでいう一番左上のセルとは，Sheet1およびSheet2の先頭行に変数名が入っているのであれば，「A2」のセルが該当することになる。そこで，下にはSheet3の「A2」に入力される数式の例を示したい。

$$= \text{Sheet1!A2} - \text{Sheet2!A2} \quad \cdots\cdots \text{（C）}$$

　これにより，Sheet1の「A2」のセルの値からSheet2の「A2」のセルの値を引いた値が，Sheet3の「A2」のセルに出力されることになる。あとは，Sheet3の「A2」のセルに記された（C）の数式と同じような数式（「= Sheet1!＊ － Sheet2!＊」，＊には各セルの場所を表す記号が入る）を，他のセルにも入力するのである。この際，Sheet3の「A2」のセルを，行列それぞれにコピーすれば簡単である。

　さて，Sheet1に入力された値とSheet2に入力された値が同じであれば，Sheet3には，「0」の数字が並ぶことになる。ここで，もしもSheet3のどこかのセルに「0」以外の数値が入っているならば，該当するセルのSheet1あるいはSheet2に入力されたデータは，どちらかが誤っている可能性が高いことになる（図10.6）。この結果を踏まえて，対応する質問紙のデータを見直して正誤の確認を行い，入力の誤りを発見していくのである。もちろん，Sheet1とSheet2において，偶然同じ箇所で同じ入力ミスがある場合は，この方法でさえ誤りを検出することはできないが，最初の入力を慎重に行ってさえいれば，そのような事態が起こる確率はきわめて低いといってよいだろう。もし，共同研究を行う者が3人以上いるのであれば，それぞれの者がすべてのデータを1回ずつ入力し，同じような要領で誤りの検出作業を行えば，入力ミスの検出精度は一層高まることになる。

10　ネガティブな反すう尺度

　人間はストレッサーにさらされるとストレス反応を示すが，目の前にストレッサーがなくても，それについて考えるだけでストレス反応を示す。そして，そのまま長い間繰り返しストレッサーについて考えると，抑うつ症状をもたらす可能性があると考えられている。そのように「その人にとって，否定的・嫌悪的な事柄（ネガティブなこと）を長い間，何度も繰り返し考え続けること」をネガティブな反すうという。

　ネガティブな反すう尺度は伊藤・上里（2001）によって作成されており，「ネガティブな反すう傾向」下位尺度と「ネガティブな反すうのコントロール不可能性」下位尺度から構成されている。「ネガティブな反すう傾向」下位尺度は，嫌なことを途切れなく考え続けることがある傾向を示しており，「何日もの間，嫌なことを考えるのに没頭することがある」「しばしば，嫌なことばかりを考え続けることがある」などからなる7項目で構成されている。「ネガティブな反すうのコントロール不可能性」下位尺度は，嫌なことを考えているときにそれ以外のことを考えることができるかどうかを示しており，「嫌なことを考えていても，それに没頭せず何らかの行動をとることが出来る*」「やらなければいけないことがある時には，嫌なことを考えるのを中断して，それに取り組むことが出来る*」などからなる4項目で構成されている。

　教示は以下のとおりである。「自分の失敗や失恋などの出来事，あるいは他人から指摘されたことなどを思い出し，それについて考えることがあります。また，特に何も起こっていないのに，自分の欠点が気になったり，『自分は駄目だなあ』と思ったりして，それを考えることがあります。それから，自分の将来のことを悲観的に想像したり，これからしなければいけないことを心配したりして，そのことを考えるということもあります。このように，嫌な出来事が起こったり何か気にしていることや悩んでいることがあったりすると，そのことが頭から離れなくなり，そのことやそれに関連した嫌なことを考えることがあります。ここでは，あなたにとって不快で嫌な事柄を『嫌なこと』と呼びます。そこでまず，あなたが『嫌なこと』を考える際に，どのようにして考えるかを思い浮かべてください。以下の項目で，あなたが嫌なことをどのように考えるかお聞きします。あなたに最もあてはまると思うところに，一つ〇をつけてください」。

　回答方法は，「あてはまらない（1点）」「あまりあてはまらない（2点）」「どちらかというとあてはまらない（3点）」「どちらかというとあてはまる（4点）」「ややあてはまる（5点）」「あてはまる（6点）」の6段階である。

　伊藤・上里（2001）において，ネガティブな反すう尺度の弁別力，内的一貫性，基準連関妥当性，再検査信頼性が確認された。また，ネガティブな反すう傾向得点やネガティブな反すうのコントロール不可能性得点の高い方が，過去のうつ状態の程度が重症であった。また，ネガティブな反すう傾向とネガティブな反すうのコントロール不可能性は現在の抑うつ症状の程度とも関連があることがわかった。

（*は逆転項目）
（丹羽智美）

文　献

伊藤　拓・上里一郎　（2001）．ネガティブな反すう尺度の作成およびうつ状態との関連性の検討　カウンセリング研究, **34**, 31-42.

11 Excel によるデータ解析

本章では，収集したデータを Excel により分析する方法を述べる。ここでは記述統計量，相関係数，IT 相関，t 検定までの分析を扱う。

分析例に使用するデータは，中谷・西川・早河・久本・桝谷・宮崎・山口・宮地（2006）が質問紙法に関する実習の授業で得たものである。この研究では，学童期の親からの怒られ方を測定する「怒られ方尺度」と，石川・内山（2002）が作成した「罪悪感尺度」との関連を検討している。また，追加項目として，「あなたはよく親から怒られる方でしたか？」という質問への回答も求めている。調査対象者は大学生80名である。

記述統計量

記述統計量とは，得られたデータを要約するために求めるものである。平均，標準偏差，中央値，最大値，最小値などが挙げられる。これらの値を代表値ともよぶ。

平均値（mean）

平均値は，最もよく用いられる記述統計量である。

$$\bar{x} = \frac{1}{n}\sum_{i=1}^{n} x_i$$

	A	B	C	D	E	F
1	ID	罪悪感対人	罪悪感規則	B01_親	B02_ど	B03_
2	1	24	19	3	4	
3	2	26	21	3	2	
4	3	19	9	4	2	
.	.	.	.	.	.	.
.	.	.	.	.	.	.
.	.	.	.	.	.	.
79	78	36	40	3	3	
80	79	36	37	3	3	
81	80	29	8	4	3	

図 11.1　データの入力例

Excel では関数 AVERAGE を用いる。
たとえば，罪悪感対人の平均値は以下のように求める（図 11.2）。
① 平均値を表示したいセルをクリックする。
② =average(と入力する。
③ B2 から B81 を選択する。
④ Enter キーを押す。

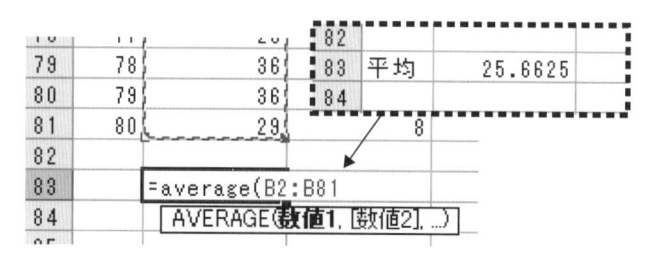

図11.2 平均値の求め方

標準偏差（standard deviation ; SD）

標準偏差はデータの散らばり具合を表す指標である。この値が大きければデータの散らばりは大きく，小さければ散らばりは少ないといえる。

$$S_x = \sqrt{\frac{1}{n}\sum_{i=1}^{n}(x_i - \bar{x})^2}$$

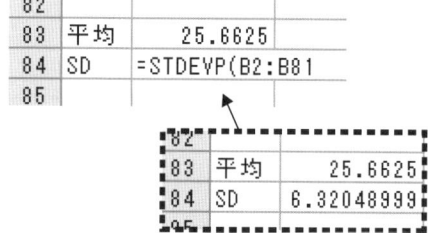

図11.3 標準偏差の求め方

Excelでは 関数STDEVPを用いる。手順は平均値と同様に求めることができる（図11.3）。

cf. セル内の数値の桁を揃えるには，当該セルを選択し，右クリック→セルの書式設定→数値，で桁数を指定する（図11.4）。

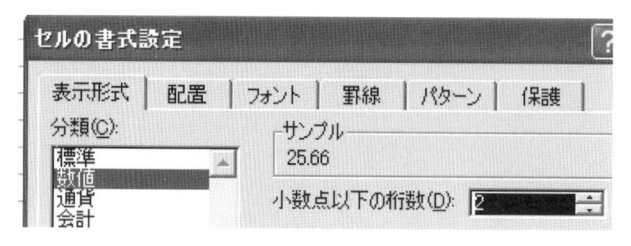

図11.4 桁数の指定（セルの書式設定）

中央値・最大値・最小値

平均，標準偏差の他にも中央値，最大値，最小値が記述統計量として挙げられる。
中央値はMEDIAN，最大値はMAX，最小値はMINの関数を用いる。その他の手順は平均値，標準偏差の求め方と同様である。

ここでは，罪悪感対人の尺度得点を用いたが，項目レベルの分析も同様に行うことができる。

結果の解釈では，極端に平均が高くなっていたり，低くなっていたりしないかを確認する。たとえば，1～5点の5段階で反応を得た項目の記述統計量が（平均4.7，*SD* 0.4）となっていた場合ほとんどの人が4，もしくは5と回答していることになる。このような項目は要検討項目としてチェックしておくとよいだろう。後の分析まで含めて削除項目と判断することになる可能性もある。

相関係数

相関係数は2つの変数間の直線的な関係を示す指標である。図11.5に示したように2つの変数間の関係が強ければ+1または-1に近くなり，関係が弱ければ0に近くなる。変数xと変数yの相関係数をr_{xy}で表すと

$$r_{xy} = \frac{\frac{1}{n}\sum_{i=1}^{n}(x_i - \bar{x})(y_i - \bar{y})}{\sqrt{\frac{1}{n}\sum_{i=1}^{n}(x_i - \bar{x})^2} \cdot \sqrt{\frac{1}{n}\sum_{i=1}^{n}(y_i - \bar{y})^2}}$$

となる。

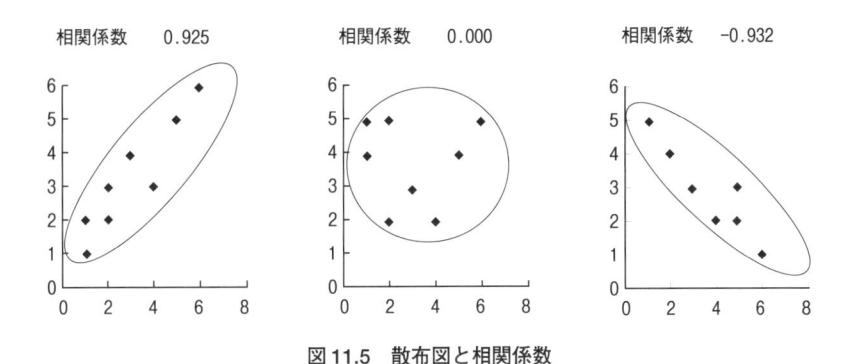

図11.5 散布図と相関係数

ここでは，罪悪感対人と罪悪感規則の相関係数を求めることにする。相関係数を求める関数はCORRELである。

① 相関係数を表示したいセルを選択する。
② =CORREL(を入力する。
③ 1つめの変数を選択する。ここでは罪悪感対人の列を選択する。
④ 「,」カンマを入力する（図11.6）。

図11.6 相関係数の求め方

⑤ 続けて2つめの変数を選択する。ここでは罪悪感規則の列を選択する（図11.7）。
⑥ Enterキーを押す。

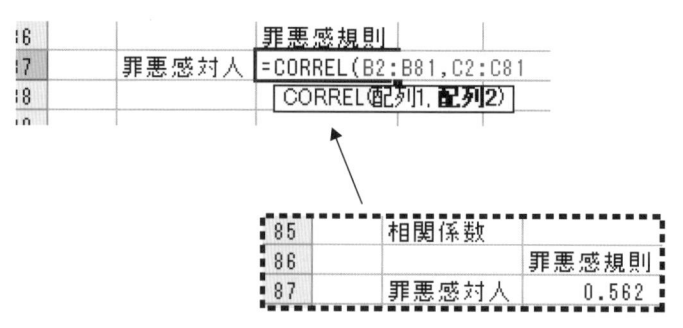

図11.7 相関係数の求め方

　この結果から，罪悪感対人と罪悪感規則の相関は0.562であり，中程度の相関が認められることがわかった。

　相関係数は，頻繁に用いられる指標であるがその解釈に際してはさまざまな注意が必要である。たとえば，相関係数は外れ値の影響を受けやすい指標であることが挙げられる。この図11.8は，先ほど提示した図11.5（左）で用いたデータのうちの1つを変えて描いたものである。右下の1つのデータ以外は先と同様であるが，相関係数は0.925から0.424に下がっている。このように相関係数は外れ値の影響を受けやすいため，必ず散布図を描きデータの様子を確認する習慣を付けることが重要である。罪悪感対人と罪悪感規則の散布図は図11.9のとおりである。

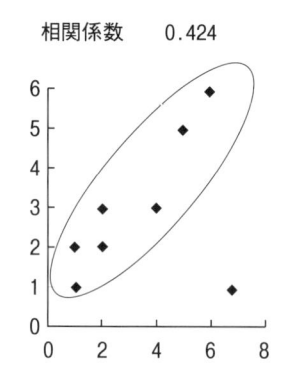

図11.8　外れ値の影響を受けやすい指標

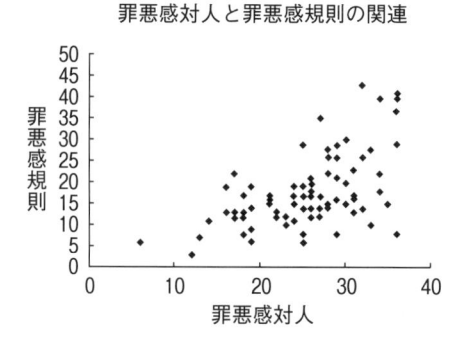

図11.9　罪悪感対人と罪悪感規則の散布図

IT相関（Item Test correlation）

　IT相関は，尺度の1因子性の確認をする際に用いられるものである。通常，心理学の研究論文で目にすることは少ないが，ここでは因子分析の簡易版と位置づけて扱うことにする。
　IT相関は簡単にいえば，尺度得点と項目との相関である。
　第7章で扱ったように，心理学では目に見えない構成概念を扱う。ここでは各項目（顕在変数）に対する反応の背後に，それらの回答に影響を及ぼす因子（構成概念；潜在変数）があると考える。顕在変数とは目に見える変数のことであり，潜在変数とは目に見えない変数のことである。ここでは項目が顕在変数となる。
　たとえば図11.10では，5つの項目が因子1を測定する項目であり，因子1を測定する尺度になる。ここで因子1と各項目との関係を考えてみる。これらの項目は因子1に影響を受けているのだから，因子1との相関は高いはずである。したがって，因子1と各項目の相関を検討すればよいことになるが，そもそも因子1は目に見えない構成概念である。そこで，5項目の和を求め，それを因子1を反映した値として扱うことにする。このように考えることで因子1と各項目との相関を求めることが可能になる。すべての項目が因子1と高い相関をもつのであれば想定した因子を測定できている可能性は高まる。一方，特定の項目がそれほど高い相関をもたなかった場合，その項目は他の項目とは少し異なるものを測定しているのではないかということが予想される。

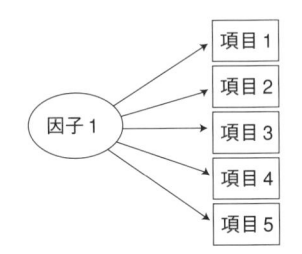

図11.10　構成概念（因子）と顕在変数（項目）との関係

　厳密には，項目1と因子1とのIT相関を求める際には，項目1以外の項目を合計した値との相関をとる必要があるが，簡便法として尺度に含まれる項目すべての和と各項目との相関係数を求めることにする。ここでは怒られ方尺度の「強引」下位尺度を例に挙げる。

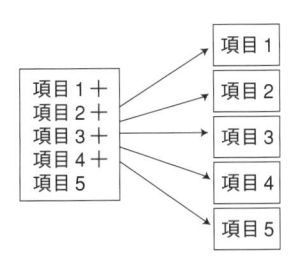

図11.11　IT相関の考え方

①必須ではないが，項目を下位尺度ごとに並べ替えておくとよい（図11.12）。

	A	D	E	F	G	H	I	J	K	L	M	N
1	ID	B01_親	B03_家	B05_怒	B07_お	B08_「	B12_ど	B15_物	B20_言	B02_ど	B06_「	B10_
2		強引	強引	強引	強引	強引	強引	強引	強引	誘導	誘導	誘導
3	1	3	3	4	1	3	2	4	4	4	2	
4	2	3	1	4	2	3	1	4	4	2	3	
5	3	4	3	4	3	4	2	3	4	2	4	
6	4	2	1	3	1	3	1	1	2	3	1	

図 11.12　データの変形例

② 下位尺度の合計を求めるために，K 列と L 列の間に列を挿入する（L 列を選択した状態で挿入→列）

③ 強引下位尺度得点を求めるために，それぞれの人ごとに，D 列から K 列までの合計を求める（図 11.13）。

	A	D	E	F	G	H	I	J	K	L	N	O
1	ID	B01_親	B03_家	B05_怒	B07_お	B08_「	B12_物	B15_物	B20_言い訳する間もな		B02_ど	B06_「
2		強引	強引	強引	強引	強引	強引	強引	強引			
3	1	3	3	4	1	3	2	4	4	=D3+E3+F3+G3+H3+I3+J3+K3		
4	2	3	1	4	2	3	1	4	4		2	3

図 11.13　IT 相関の求め方（1）

L3 に =D3+E3+F3+G3+H3+I3+J3+K3 を入力して Enter を押す。

これで，ID 1 の人の強引得点が計算される。

なお，合計得点を求める際に関数 SUM を使うこともできる。その場合は，=SUM (D3:K3) もしくは =SUM (D3, E3, F3, G3, H3, I3, J3, K3) となる。しかし，これらの関数を使うと欠損値があった場合にその項目を除いて合計や平均を求めることになるので，ここでは適切ではない。欠損値がある場合は地道に足し算をすることが必要である。

④ ID2 以降の人の強引得点も同様に計算する。

	A	D	E	F	G	H	I	J	K	L
1	ID	B01_親	B03_家	B05_怒	B07_お	B08_「	B12_ど	B15_物	B20_言い訳する	
2		強引	強引	強引	強引	強引	強引	強引	強引	
3	1	3	3	4	1	3	2	4	4	24
4	2	3	1	4	2	3	1	4	4	
5	3	4	3	4	3	4	2	3	4	

図 11.14　IT 相関の求め方（2）

L4 には先ほど同様 =D4+E4+F4+G4+H4+I4+J4+K4 を入力すればよいが，かなり面倒である。そこで，Excel の便利な機能を紹介をしておく。

L3 をコピーして，L4 に貼り付けてみよう。同様の計算がされていることが分かる。また，上の図で，L3 を選択すると右下に小さな黒い■が表れる。これをダブルクリックすると，データの存在する最後の行まで自動でそのセルと同様の計算をしてくれる。

なお，あくまで自動であるため確認のために各セルをダブルクリックして参照しているセルを確認しておくことが必要である。

	A	D	E	F	G	H	I	J	K	L
1	ID	B01_親	B03_家	B05_怒	B07_お	B08_「	B12_ど	B15_物	B20_言い訳する	
2		強引	強引	強引	強引	強引	強引	強引	強引	
3	1	3	3	4	1	3	2	4	4	24
4	2	3	1	4	2	3	1	4	4	22

図 11.15　IT 相関の求め方（3）

⑤「強引」得点が計算されたら，各項目と「強引」得点の相関を求める。これがIT相関になる。例えば，B01の項目と強引得点との相関は以下のようにして求める（図11.16）。

図11.16　IT相関の求め方（4）

Enterを押すと，相関係数が計算される。ここでは0.585となった。

⑥同様に，B03以降の項目との相関を求める（図11.17）。
ここでも，知っておくと便利な機能がある。少々ややこしいが知っておくとよい。

B03と「強引」得点との相関は上の図で，E84に，=CORREL (E3:E82,L3:L82) とすればよいことはわかるだろう。先ほどは，セルをコピーすることで当該セルの数式もコピーされたが，ここでも同様のことが可能である。

図11.17　IT相関の求め方（5）

D84をコピーして，E84に貼り付けると，図のようにE3:E82,M3:M82となっている。実際には，M列ではなく，L列との相関を求めたいのでこれは間違っているのだが，その理由は簡単である。コピーをした際に数式もコピーされるこの機能は，あくまでセルどうしの相対的な位置関係を保ったまま数式がコピーされるのである。つまり，DだったものがEに，LだったものがMに参照している列が1つずつ移動したことになる。それを移動しないようにするには，$を使う（図11.18）。D84の計算結果は上記と同様になるが，それをコピーしてE84に貼り付けてみよう。次は正しく，=CORREL (E3: E82, L3: L82) となっている（図11.19）。

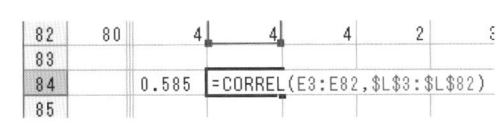

図11.18　IT相関の求め方　応用1　　　図11.19　IT相関の求め方　応用2

これを下位尺度に含まれるすべての項目について行うと図11.20のようになる。

	A	D	E	F	G	H	I	J	K	L
1	ID	B01_親	B03_家	B05_怒	B07_お	B08_「	B12_ど	B15_物	B20_言い訳する	
2		強引	強引	強引	強引	強引	強引	強引	強引	
81	79	3	2	4	2	3	2	2	3	21
82	80	4	4	4	2	3	1	4	4	26
83										
84		0.585	0.664	0.564	0.457	0.516	0.579	0.609	0.709	

図11.20　IT相関の求め方（6）

これがIT相関である。結果の解釈は，極端に相関の低い（絶対値の小さい）項目があった場合は，その他の項目とは別のものを測定している可能性があるため削除の候補となる。「強引」以外の下位尺度に関しても同様に求め，まとめたものを表1に示す。

おおよそ高いIT相関を示しているが，「誘導」のB06「心配で胃が痛くなったなどと言われた」とB10「なぜ怒られたのか分からない時があった」は相関が低く，その他の項目とは測定しているものがずれている可能性がある。

表11.1　怒られ方尺度　下位尺度のIT相関係数

	項　目	IT相関
強引	B01_親から叩かれた	0.585
	B03_家に入れてもらえなかった	0.664
	B05_怒鳴られた	0.564
	B07_お小遣いを減らされた	0.457
	B08_「お父さん（お母さん）に言いつけて，叱ってもらう」などと言われた	0.516
	B12_どこかに閉じ込められた	0.579
	B15_物を取り上げられた	0.609
	B20_言い訳する間もなく，頭ごなしに怒られた	0.709
誘導	B02_どうして悪いのか説教された	0.646
	B06_「心配で胃が痛くなった」などと言われた	0.117
	B10_なぜ怒られたのか分からない時があった	0.231
	B16_その事について親と話し合った	0.739
	B17_これからどうしたら良いかなど，自分で考えるようになった	0.732
	B14_どうしてこんなことをしたのか尋ねられた	0.726
	B19_「こうした方が良かったんじゃない？」と言われた	0.670
愛情の欠如	B04_「こんなことをする子は嫌いだ」と言われた	0.704
	B09_話しかけても無視された	0.535
	B11_呆れられた	0.619
	B13_一人にされた	0.679
	B18_謝ったけれど許してもらえなかった	0.754
	B21_「どこへでも行ってしまえ」などと言われた	0.753
	B22_「もう知らない」などと突き放された	0.810

t 検定

*t*検定は2群の平均値の差を比較する統計的手法である。ここではExcelを用いた*t*検定の方法を示す。

はじめに*t*検定の流れを確認しておく。

①ある2つの母集団からランダムサンプリングにより標本を抽出する。

②その標本から求められる平均値は，あくまで抽出されたデータから求められたもので，別の標本が抽出された場合にはその値は異なってくる。

③本来，標本の状況ではなく母集団の状況を知ることが研究の目的となるため，標本から得られた情報を基に母集団の状況を推測する必要がある。

④t検定では，「2つの母集団における平均値が等しい」という帰無仮説のもとで，実際に得られたデータから求められた2つの平均値の差がどの程度起こりうるかを検討する。

その結果，帰無仮説（2つの母集団における平均値が等しい）のもとではそのような平均値の差が生じる可能性は「滅多にない」と判断された場合，帰無仮説を棄却し，対立仮説を採択する。つまり，「2つの母集団における平均値に差がある」という結論を導く。

実際のt検定は以下の手順で行う。ここでは罪悪感対人の性差をt検定により検討することにする。

①男女別に平均値，標準偏差，分散，データ数をまとめる（図11.21）。

	A	B	C
1	罪悪感対人		
2		男性	女性
3	平均	25.019	26.857
4	SD	5.326	7.698
5	分散	28.365	59.265
6	人数	52	28

図11.21 t検定の手順（1）

②t検定では，2つの母集団の分散が等しいということを前提としている。そこであらかじめ，F検定を行う。この場合の帰無仮説は「男女で母集団の分散が等しい」である。下の式に各値を代入し，Fの値を求める。n_1は母集団1の人数，n_2は母集団2の人数，S_1^2は母集団1の分散，S_2^2は母集団2の分散である。

$$F = \frac{\dfrac{n_1 S_1^2}{n_1 - 1}}{\dfrac{n_2 S_2^2}{n_2 - 1}}$$

③Excelで求めるとFの値は，0.471となる（図11.22）。

	A	B	C	D	E
1	罪悪感対人				
2		男性	女性		
3	平均	25.019	26.857		
4	SD	5.326	7.698		
5	分散	28.365	59.265		
6	人数	52	28		
7					
8					
9	F値	=((B6*B5)/(B6-1))/((C6*C5)/(C6-1))		F値	0.471
10					

図11.22 t検定の手順（2）

④帰無仮説の下で，F値が0.471となる確率が5％以下であるかどうかを検討するために以下の方法を用いる。

関数FINV（0.05，自由度1，自由度2）でその自由度をもつF分布において5％以下しか起こらないFの臨界値を求めることができる。自由度は，各集団の人数から1を引いた数になる。

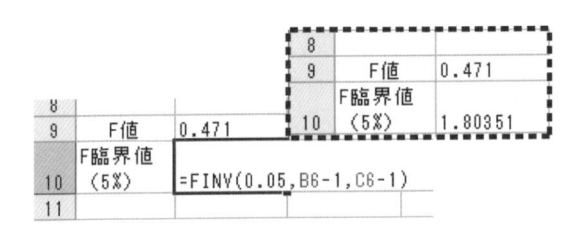

図 11.23 t 検定の手順（3）

⑤ 5% 水準での F の臨界値は 1.804，標本から求められた F 値は 0.471 であった。したがって，帰無仮説の元で F 値が 0.471 となる可能性は 5% 以上あるため，帰無仮説が誤りであるとはいえない。つまり，2 つの母集団の分散は等しいと考えても差し支えないという判断をする。

⑥ t 検定の前提となる 2 つの母集団の等分散性が確認されたので，t 検定を行う。

帰無仮説は，「2 つの母集団の平均値は等しい」であり，対立仮説は「2 つの母集団の平均値は等しくない」である。帰無仮説の元で，t の値がどの程度の確率で起こるのかを計算し帰無仮説が誤りであるかどうかを検討することになる。t 検定は以下の式により t の値を求める。$\overline{X_1}$ は母集団 1 の平均値，$\overline{X_2}$ は母集団 2 の平均値である。自由度は，$n_1 + n_2 - 2$ となる。

かなりややこしいが，図 11.24 をゆっくり眺めてみてほしい。どうしてもわからないという場合は，分子と分母に分けたり，それぞれの部分ごとに計算をしてもよい。

ここでの t 値は -1.237 となった。

$$t = \frac{\overline{X_1} - \overline{X_2}}{\sqrt{\dfrac{n_1 S_1^2 + n_2 S_2^2}{n_1 + n_2 - 2} \left(\dfrac{1}{n_1} + \dfrac{1}{n_2} \right)}}$$

`=(B3-C3)/SQRT(((B6*B5+C6*C5)/(B6+C6-2))*((1/B6)+(1/C6)))`

図 11.24 t 検定の手順（4）：t 値の求め方

図 11.25 t 検定の手順（5）

⑦ F の 5% 臨界値を求めたのと同様に，t の臨界値を求める。帰無仮説のもとで，このような調査結果が生じる確率が 5% 以下となる t の値は次のように求める。

関数は TINV（0.05，自由度）を用いる。その結果，計算された t 値の絶対値が 1.991 以上になる確率が 5% 以下であることがわかった（図 11.26）。

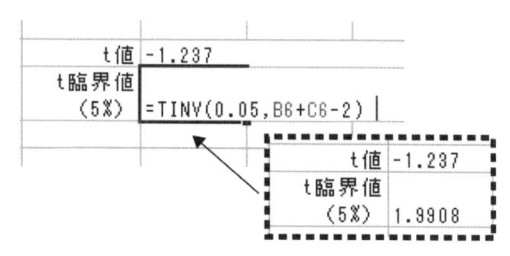

図 11.26 t 検定の手順（6）

⑧最終的に，求められたt値（－1.237）は5％の臨界値（1.991）に届かず，このようなt値が起こる可能性は5％以上あるということになる。したがって，帰無仮説が誤りであるとして棄却することはできない。つまり，罪悪感対人に関しては「有意な男女差は認められなかった」という結論になる。なお，1％水準の臨界値を求める際には，TINV（0.01,自由度）とすればよい。

文　献

石川隆行・内山伊知郎　（2002）．青年期の罪悪感と共感性および役割取得能力の関連　発達心理学研究, **13**, 12-19．

中谷・西川・早河・久本・桝谷・宮崎・山口・宮地　（2006）．親からの怒られ方と罪悪感の関係性　基礎実習 B（調査法）2005年度最終レポート（中部大学）

11 多次元自己志向的完全主義尺度（MSPS）

　個々の人間において，ものごとを完璧に行おうとする姿勢は，個人の能力を高めることに貢献していると考えられる。しかしながら，あらゆる課題の遂行に対して，常に完璧を目指そうとする姿勢は，自らに相当高い要求を課すことを意味する。結果として，自らを失敗という現実に追い込み，心身の健康に悪影響をもたらすものと考えられるのである。すなわち，ものごとを完璧に行おうとする姿勢は，個人の成長の原動力となり得る一方で，個人の健康への悪影響につながるという懸念も指摘できるのである。

　過度に完璧さを求めようとする個人の態度は，完全主義（perfectionism）とよばれ，心身の健康を左右する心理的な要因として注目されてきた。この完全主義は，自らに完全性を求める「自己志向的完全主義」，他者に完全性を要求する「他者志向的完全主義」，他者から自分が完全性を求められていると感じる「社会規定的完全主義」に大別することができる。

　桜井・大谷（1997）は，先の3つの完全主義のうち，「自己志向的完全主義」が，健康にポジティブに関連する面と，ネガティブに関連する面の両方があるという点に着目し，多次元自己志向的完全主義尺度（MSPS: Multidimensional Self-oriented Perfectionism Scale）を作成した。この尺度は，「完全でありたいという欲求尺度」「自分に高い目標を課する傾向尺度」「ミス（失敗）を過度に気にする傾向尺度」「自分の行動に漠然とした疑いをもつ傾向尺度」の4つの下位尺度で，各5項目ずつの計20項目から成り立っている。

　「完全でありたいという欲求尺度」は，「どんなことでも完璧にやり遂げることが私のモットーである」「物事は常にうまくできていないと気がすまない」といった項目を含み，完全主義の基本的な特徴を測定する尺度と位置づけられている。「自分に高い目標を課する傾向尺度」は，「いつも，周りの人よりも高い目標をもとうと思う」「何事においても最高の水準を目指している」といった項目を含む。「ミス（失敗）を過度に気にする傾向尺度」は，「"失敗は成功のもと"などとは考えられない」「ささいな失敗でも，周りの人からの評価は下がるだろう」といった項目を含む。「自分の行動に漠然とした疑いをもつ傾向尺度」は，「注意深くやった仕事でも，欠点があるような気がして心配になる」「何かをやり残しているようで，不安になることがある」といった項目を含む。各項目に対して，「非常にあてはまる（6点）」から「全くあてはまらない（1点）」の6件法にて回答を求める形式となっている。

　桜井・大谷（1997）の研究では，この尺度を用い，大学生を対象として，自己志向的完全主義と，抑うつ傾向ならびに絶望感との関連について検討している。その結果，自分に高い目標を課する傾向が高い人ほど，絶望感を感じにくい一方で，ミス（失敗）を過度に気にする傾向および自分の行動に漠然とした疑いをもつ傾向が高い人ほど，抑うつ傾向に陥ったり，絶望感を感じやすかったりしていることを明らかにしている。

（西口利文）

文　献

桜井茂男・大谷佳子　（1997）．"自己に求める完全主義"と抑うつ傾向および絶望感との関係　心理学研究, **68**, 179-186.

12 SPSSを使って分析する

はじめに

SPSSとは統計分析を行うための代表的なソフトウェアであり，心理学でも広く用いられている。この章では，SPSSを使った質問紙データの分析を行ってみよう。みなさんもぜひチャレンジしてほしい。なおここでは，最低限の使用方法を説明する。より詳しい解説は，章末に示す参考図書を参照してもらいたい。

分析例に使用するデータは第11章と同じ，中谷・西川・早河・久本・桝谷・宮崎・山口・宮地（2006）が質問紙法の実習で得たものである。この研究では，学童期の親からの怒られ方を測定する「怒られ方尺度」と，石川・内山（2002）が作成した「罪悪感尺度」との関連を検討している。また，追加項目として，「あなたはよく親から怒られる方でしたか？」という質問への回答も求めている。調査対象者は大学生80名である。

データの入力

SPSSのデータエディタに入力する

まずはSPSSを起動してみよう。SPSSデータエディタという名前のウィンドウが表示される。左下の「データビュー」「変数ビュー」というタブ（図12.1）をクリックすると，画面の表示が変わるのがわかるだろう。

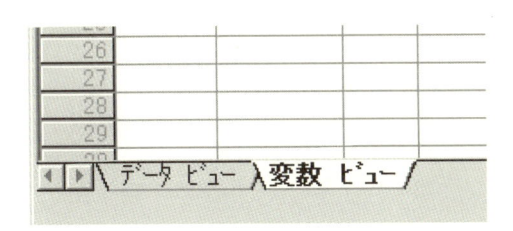

図12.1 タブ

「変数ビュー」をクリックすると，変数名やラベル，尺度水準の指定などができるモードになる。

では，最初の変数名に「ID」，2番目に「性別」，3番目に「年齢」を入力してみよう（図12.2）。

	名前	型	幅	小数桁数	ラベル	値	欠損値	列	配置	測定
1	ID	数値	8	2		なし	なし	8	右	スケール
2	性別	数値	8	2		なし	なし	8	右	スケール
3	年齢	数値	8	2		なし	なし	8	右	スケール
4										

図12.2 変数名の入力

左下の「データビュー」をクリックし，データを入力していく。なお性別については，女性を「0」，男性を「1」として入力している。

図12.3　データの入力

Excel に入力し，SPSS で読み込む場合

1行目に変数名を記入し，2行目以降に個人のデータが横方向に伸びるようにデータを入力していく。Excelであれば多くのパソコンにインストールされているので便利であろう。

図12.4　Excelにデータを入力する

Excelにデータを入力したら，「ファイル」メニューから「テキストデータの読み込み」を選択する（図12.5）。データを選択するウィンドウが現れるが，そこで「ファイルの種類」を「Excel」に指定する（図12.6）。すると，Excelファイルが指定できるようになる。

なお，Excelファイルが他のソフトウェアに使用されていると読み込めないので，必ずExcelは終了した状態で読み込みを行うこと。

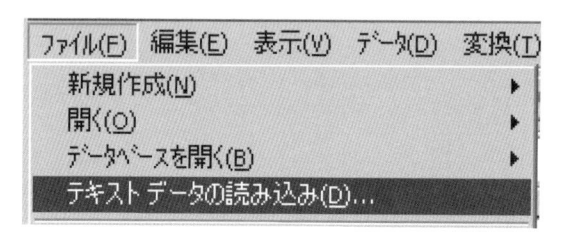

図12.5　テキストデータの読み込み

図12.6　ファイルの種類をExcelにする

ウィンドウが表示されるので,「データの最初の行から変数名を読み込む」にチェックが入っていることを確認して「OK」をクリックする。また,Excelで複数のワークシートにデータが入力されている場合には,「ワークシート」のプルダウンメニューで選択することができる。分析に使用するデータが入力されたワークシートを選択しよう。

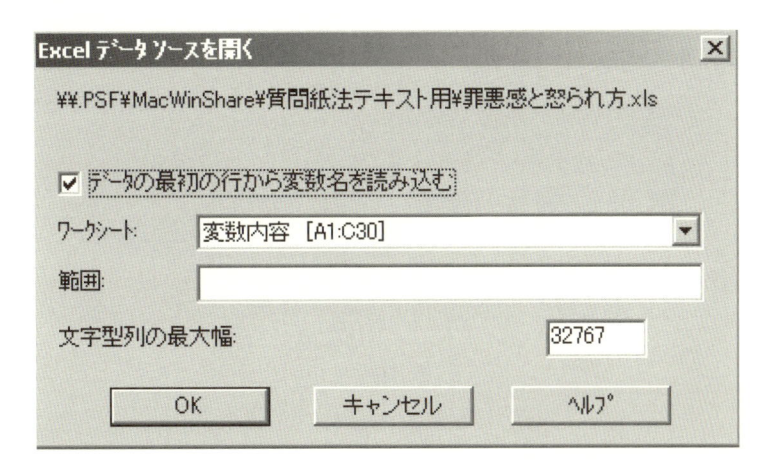

図12.7 「Excelデータソースを開く」ダイアログ

データを読み込んだら,「変数ビュー」を開き,項目内容などを「ラベル」に入力していくとよいだろう（図12.8）。

ここまでできたら,分析の準備は完了である。では,分析を行ってみよう。

	名前	型	幅	小数桁数	ラベル	値
1	ID	数値	11	0		なし
2	性別	文字型	1	0		なし
3	年齢	数値	8	2		なし
4	罪悪感対人	数値	11	0		なし
5	罪悪感規則	数値	11	0		なし
6	B01	数値	11	0	親から叩かれた	なし
7	B02	数値	11	0	どうして悪いのか説教された	なし
8	B03	数値	11	0	家に入れてもらえなかった	なし
9	B04	数値	11	0	「こんなことをする子は嫌いだ」と言われた	なし
10	B05	数値	11	0	怒鳴られた	なし
11	B06	数値	11	0	「心配で胃が痛くなった」などと言われた	なし
12	B07	数値	11	0	お小遣いを減らされた	なし
13	B08	数値	11	0	「お父さん(お母さん)に言いつけて,叱ってもらう」などと言われた	なし
14	B09	数値	11	0	話しかけても無視された	なし
15	B10	数値	11	0	なぜ怒られたのか分からない時があった	なし
16	B11	数値	11	0	呆れられた	なし
17	B12	数値	11	0	どこかに閉じ込められた	なし
18	B13	数値	11	0	一人にされた	なし
19	B14	数値	11	0	どうしてこんなことをしたのか尋ねられた	なし
20	B15	数値	11	0	物を取り上げられた	なし
21	B16	数値	11	0	その事について親と話し合った	なし
22	B17	数値	11	0	これからどうしたら良いかなど,自分で考えるようになった	なし
23	B18	数値	11	0	謝ったけれど許してもらえなかった	なし
24	B19	数値	11	0	「こうしたほうが良いんじゃない？」と言われた	なし
25	B20	数値	11	0	言い訳する間もなく,頭ごなしに怒鳴られた	なし
26	B21	数値	11	0	「どこへでも行ってしまえ」などと言われた	なし
27	B22	数値	11	0	「もう知らない」などと突き放された	なし
28	C01_よく怒られたか	数値	11	0	よく怒られる方でしたか	なし

図12.8 ラベルを入力する

SPSSで分析する

記述統計量の算出

年齢の平均値，標準偏差を算出してみよう。「分析」メニューから，「記述統計」→「記述統計」を選択する（図12.9）。

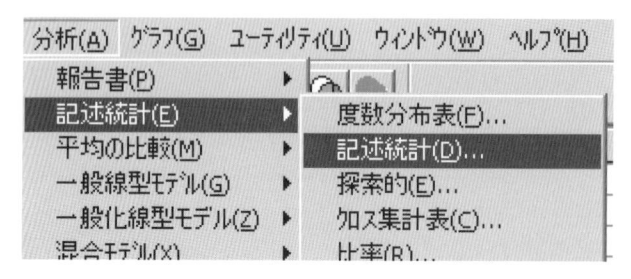

図12.9　記述統計メニュー

「変数」の枠内に「年齢」を指定する。左側の枠内から「年齢」を選択し，中央の三角形をクリックすれば移動する（図12.10）。

指定ができたら「OK」をクリックすると，結果が表示される（図12.11）。80名の平均年齢は18.95歳であり，標準偏差は0.78，最小年齢は18歳，最大年齢は22歳であることがわかる。

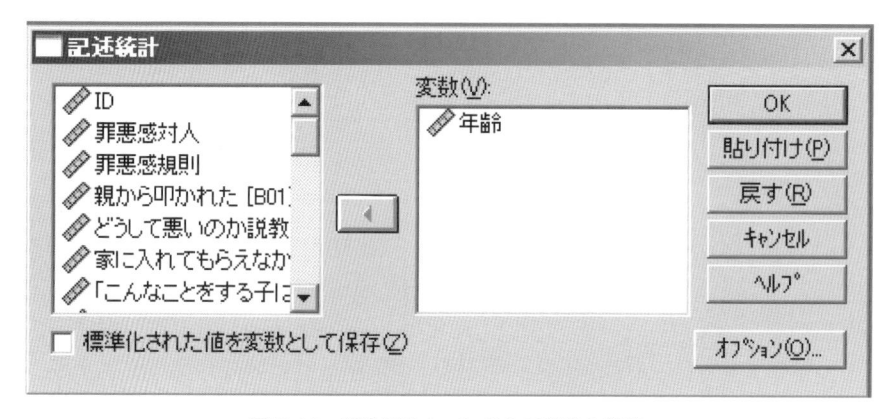

図12.10　記述統計ウィンドウで変数の指定

記述統計量

	度数	最小値	最大値	平均値	標準偏差
年齢	80	18.00	22.00	18.9500	.77786
有効なケースの数(リストごと)	80				

図12.11　記述統計量の出力

因子分析

1）分析の指定方法　　質問紙法を使用した論文では，必ずといっていいほど因子分析を使用した結果が記載されている。ここでは，基本的な因子分析の方法を説明する。

「分析」メニューから「データの分解」→「因子分析」を選択すると，ウィンドウが表示される。

「変数」に因子分析に使用するデータを指定する（図12.12）。今回の場合，怒られ方尺度の項目であるB01からB22までを指定しよう。

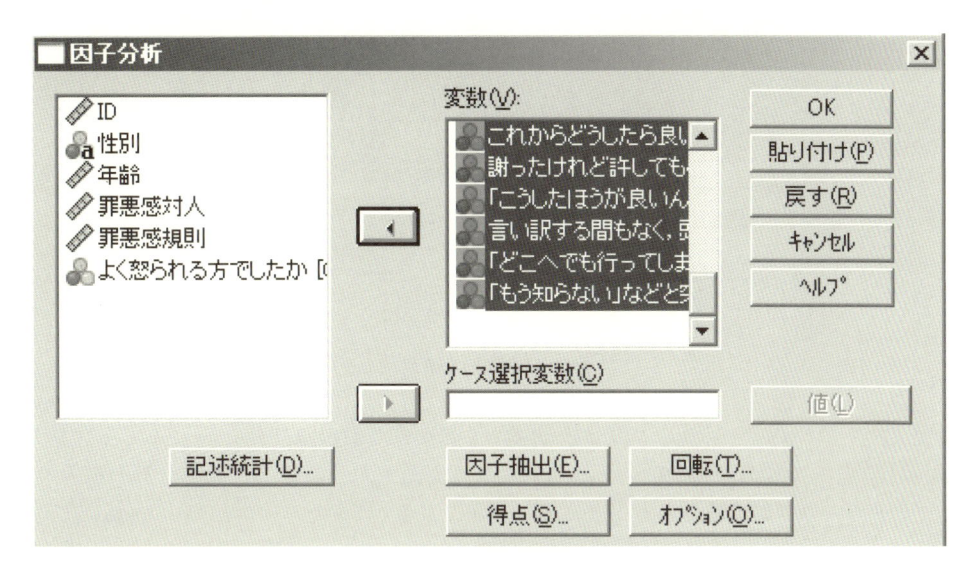

図12.12　因子分析の変数の指定

「因子抽出」ボタンをクリックする（図12.13）。
「方法」は因子分析の手法を指定する。デフォルトでは「主成分分析」となっているが，「主因子法」や「最尤法」を使用した方がよい。
「表示」の「スクリープロット」にチェックを入れておく。
もしも因子数が確定しているのであれば，「抽出の基準」を選択し，枠内に数字を入れる。3因子を仮定するのであれば「3」，5因子を仮定するのであれば「5」を入力する。今回は「2」を入れておこう。
「続行」をクリックすると，分析の指定が続行される。

図12.13　因子抽出ウィンドウ

図12.12で「回転」ボタンをクリックする。
デフォルトでは「なし」になっているが，「プロマックス」（斜交回転）や「バリマックス」（直交回転）を選択するのがよい（図12.14）。指定したら「続行」ボタンをクリックする。

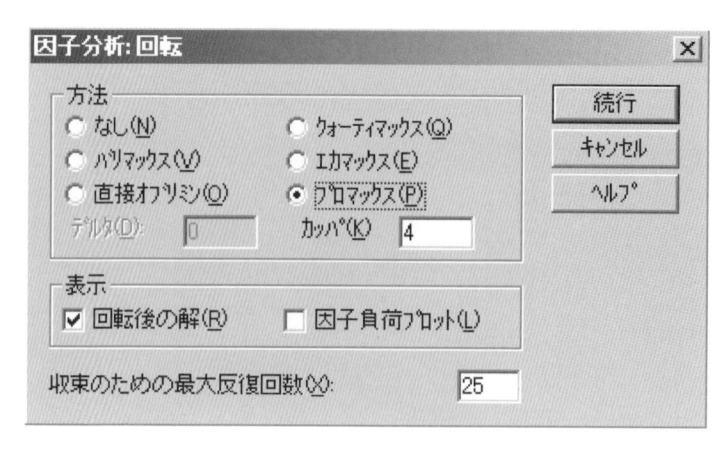

図12.14　回転の指定

　図12.12で「オプション」をクリックする。「サイズによる並び替え」にチェックを入れ，「続行」をクリックする（図12.15）。ここにチェックを入れることで，因子分析の出力の際に因子負荷量の大きさ順に項目を並べ替えることができる。

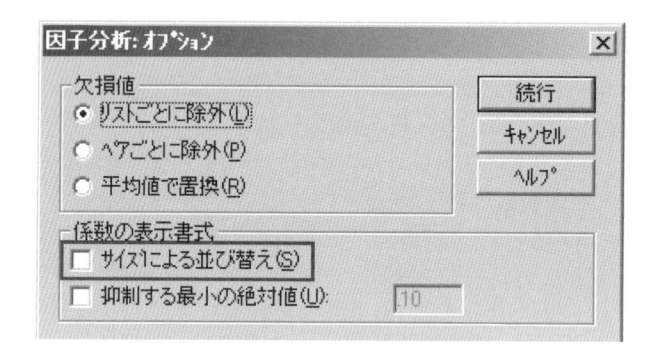

図12.15　オプションの指定

2）結果の出力　　図12.12の状態に戻ったら，「OK」をクリックすると，結果が出力される。

　出力のうち，主だったところだけ見てみよう。
　図12.16「説明された分散の合計」には，怒られ方尺度全22項目の変動を，2つの因子でどの程度説明できるかが表示される。
　因子数を決めるときにはいくつかの基準がある。おそらくもっともよく使われるのは，固有値の変化である。「初期の固有値」の「合計」の部分に表示されるのが固有値である。この数値の上下を比較して，大きな数値の落ち込みが見られる「前」までを因子数として採用する。またこの固有値は，スクリープロットというグラフでも表される（図12.17）。今回は2因子を出力するように分析の設定を行っているが，図12.17をよく見ると，第5因子と第6因子の間のグラフがやや下がっている。したがって，5因子解を採用してもよい可能性がある。その他，固有値1を基準に因子数を決定する方法（ただしこの基準では因子数が多くなりすぎる可能性がある），累積寄与率（図12.16の「初期の固有値」の「累積％」の部分を見る）が50％を超える因子数を採用する，理論的に因子数を決定するなど，因子数の決定基準はいくつかのものがある。

説明された分散の合計

因子	初期の固有値			抽出後の負荷量平方和			回転後の
	合計	分散の%	累積%	合計	分散の%	累積%	合計
1	5.560	25.274	25.274	4.943	22.466	22.466	4.934
2	3.299	14.998	40.272	2.760	12.544	35.010	2.784
3	1.556	7.074	47.346				
4	1.404	6.381	53.727				
5	1.359	6.177	59.904				
6	1.043	4.741	64.645				
7	.999	4.540	69.185				

図12.16　説明された分散の合計

因子のスクリープロット

図12.17　スクリープロット

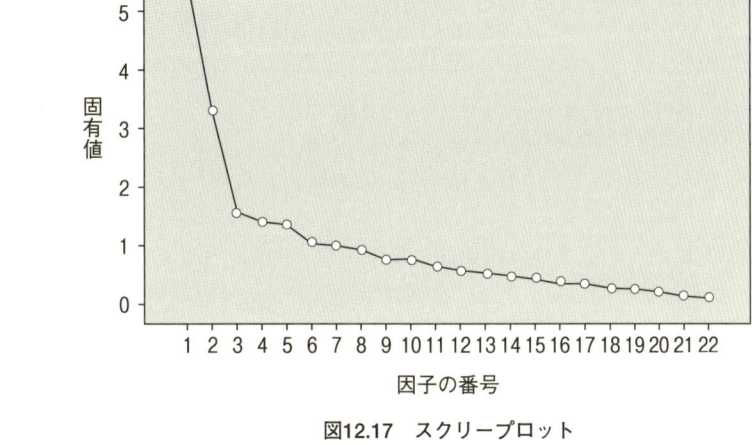

　図12.18は「パターン行列」とよばれる出力である。今回のように「プロマックス回転」を指定した場合には，どの項目がどの因子に高い負荷量を示したのかを，この出力で判断する。この表では，左側に変数（項目）名，「因子」の部分にそれぞれの因子に対応する「因子負荷量」が表示される。この因子負荷量は，それぞれの因子が項目に与える影響の大きさを意味する。

　ある因子への因子負荷量が十分に高い値（絶対値で0.35や0.40以上）であり，他の因子への因子負荷量が低い値を示す項目は，同じグループにまとめることができる。たとえば図12.18の「第1因子」に高い負荷量を示した項目は14項目あり，因子負荷量は.73～.37の範囲である（四角で囲んだ数値）。また第2因子に高い負荷量を示した項目は5項目あり，因子負荷量は.74～.53の範囲である（右側の四角で囲んだ部分）。

　第1因子は怒鳴られたり突き放されたりするなど，まさに「怒られた・叱られた」経験を測定する項目で構成されていると考えられる。そこで「叱責経験」因子と名づけよう。それに対して第2因子は，話し合ったり尋ねられたりした経験を測定する項目で構成されている。そこで「会話経験」因子と名づけよう。

パターン行列[a]

	因子	
	1	2
「どこへでも行ってしまえ」などと言われた	.725	-.088
言い訳する間もなく,頭ごなしに怒鳴られた	.717	-.050
謝ったけれど許してもらえなかった	.713	-.008
「もう知らない」などと突き放された	.687	-.101
一人にされた	.658	-.112
「こんなことをする子は嫌いだ」と言われた	.650	.036
家に入れてもらえなかった	.574	.213
物を取り上げられた	.546	.028
なぜ怒られたのか分からない時があった	.506	-.084
呆れられた	.480	.122
話しかけても無視された	.431	-.064
どこかに閉じ込められた	.421	.042
親から叩かれた	.409	.294
お小遣いを減らされた	.369	.034
「心配で胃が痛くなった」などと言われた	.306	-.147
どうしてこんなことをしたのか尋ねられた	-.026	.743
その事について親と話し合った	-.144	.738
これからどうしたら良いかなど,自分で考えるようになった	.054	.731
どうして悪いのか説教された	-.030	.676
「こうしたほうが良いんじゃない?」と言われた	-.091	.534
「お父さん(お母さん)に言いつけて,叱ってもらう」などと言われた	.255	.309
怒鳴られた	.283	.293

因子抽出法:主因子法
回転法:Kaiser の正規化を伴うプロマックス法
　a.3回の反復で回転が収束しました。

図12.18　パターン行列

因子相関行列（図12.19）は，2つの因子間の相関係数である。第1因子と第2因子の相関係数は.04であり，ほぼ無相関である。つまり，叱責経験と会話経験はほぼ無関連であり，叱責経験と会話経験がともに多い者，叱責経験が多く会話経験が少ない者，叱責経験が少なく会話経験が多い者，叱責経験も会話経験も少ない者は，それぞれほぼ同数存在していると考えられる。

因子相関行列

因子	1	2
1	1.000	.044
2	.044	1.000

因子抽出法:主因子法
回転法:Kaiser の正規化を伴うプロマックス法

図12.19　因子間相関

内的整合性の検討

1）分析の指定　因子分析を行ったら，それぞれの因子に高い負荷量を示した項目を「下位尺度」として扱う。その際に，尺度の信頼性を検討することも重要である。ここでは，信頼性の中でも内的整合性の指標となるα（アルファ）係数を算出してみたい。

先ほどの因子分析結果の第2因子である「会話経験」に高い負荷量を示した5項目のα係数を算出しよう。

「分析」メニューで「尺度」→「信頼性分析」を選択する。信頼性分析のウィンドウ（図12.20）が開くので，「項目」の枠内に分析に使用する変数を指定する。

「統計」ボタンをクリックし，「記述統計」の「項目を削除したときの尺度」というオプションにチェックを入れ，「続行」をクリックする。

図12.20に戻り，「OK」をクリックすると，結果が出力される。

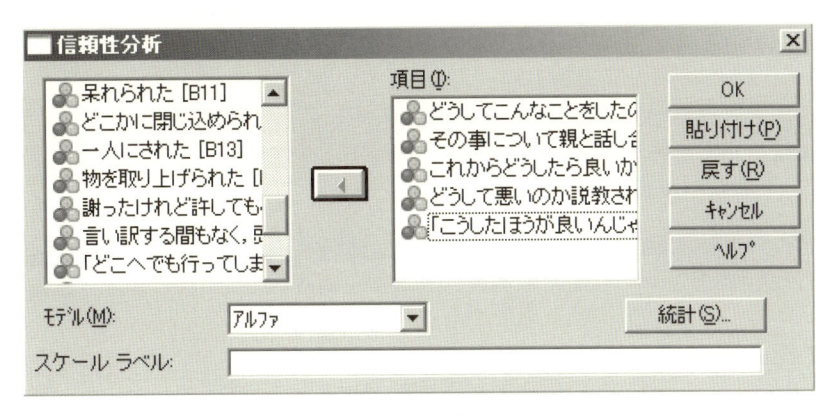

図12.20 信頼性分析の設定

2）結果の出力　内的整合性を意味する α 係数は，信頼性統計量の表に出力される（図12.21）。α = .80 以上であると，十分な内的整合性があると判断されることが多い。

図 12.22 は，項目ごとの特徴を表す出力である。「修正済み項目合計相関」は，その項目とその項目以外の合計との相関係数である。この値が低かったり負の値であったりする場合，その項目は他の項目と同じ方向性をもつとは言えないことになる。また「項目が削除された場合の Cronbach のアルファ」は，その項目を省いた場合に，α 係数がいくつになるかを表す。この値が全体の α 係数よりも明らかに大きな値となる場合には，その項目を尺度に含めるかどうかを考える必要がある。

信頼性統計量

Cronbach のアルファ	項目の数
.816	5

図12.21　信頼性統計量

項目合計統計量

	項目が削除された場合の尺度の平均値	項目が削除された場合の尺度の分散	修正済み項目合計相関	項目が削除された場合の Cronbach のアルファ
どうしてこんなことをしたのか尋ねられた	9.88	9.959	.642	.770
その事について親と話し合った	10.04	9.505	.718	.745
これからどうしたら良いかなど，自分で考えるようになった	10.18	9.918	.631	.773
どうして悪いのか説教された	9.49	11.266	.533	.801
「こうした方が良いんじゃない？」と言われた	10.48	10.784	.515	.807

図12.22　項目合計統計量

尺度得点の算出

内的整合性を確認したら，尺度得点・下位尺度得点を算出する。今回の場合，叱責経験得点と会話経験得点という，怒られ方尺度の2つの下位尺度得点を算出することになる。下位尺度得点を算出する際には，合計得点を算出する場合と，合計得点を項目数で割った値である項目平均値を算出する場合がある。ここでは，項目平均値による下位尺度得点を算出してみよう。

叱責経験 =（B01＋B03＋B04＋B07＋B09＋B10＋B11＋B12＋B13＋B15＋B18＋B20＋B21＋B22）／14
会話経験 =（B02＋B14＋B16＋B17＋B19）／5

「変換」→「変数の計算」を選択する。

「目標変数」に「叱責経験」と入力し，「数式」の中に上記の数式を記入する（図12.23）。入力ができたら「OK」をクリックする」。「会話経験」についても同じように算出しよう。

データビューに新たな変数が追加されればOKである。

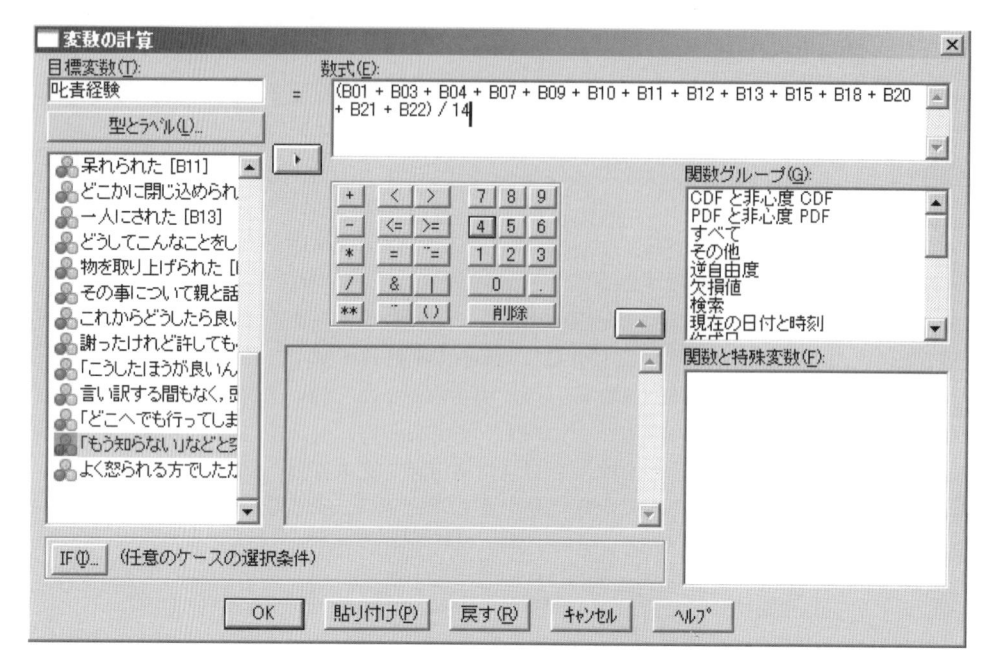

図12.23　得点の計算

相関係数

1）分析の指定　　一般的に「相関係数」というときは，ピアソンの積率相関係数を指す。これは量的データ（間隔尺度水準，比率尺度水準）どうしの関係の大きさを表す指標である。

「分析」メニューで「相関」→「2変量」を選択する。

「変数」に相関係数を算出したい変数を指定する。今回の場合，「叱責経験」「会話経験」「罪悪感対人」「罪悪感規則」を指定する。

「相関係数」の「Pearson」にチェックが入っていれば，ピアソンの積率相関係数が算出される。「Kendallのタウ」はケンドールの順位相関係数，「Spearman」はスピアマンの順位相関係数を意味する。それぞれ算出したいときにはチェックを入れる。

「オプション」をクリックする。「統計量」の「平均値と標準偏差」にチェックを入れると，それぞれの得点の平均値，標準偏差が出力される。チェックを入れたら「続行」をクリックする。

「OK」をクリックすると，結果が出力される。

2）結果の出力　　「平均値と標準偏差」にチェックを入れたので，最初に記述統計量が出力される。それぞれの値をチェックしておこう。

次に出力されるのが相関係数である。今回の場合，怒られ方尺度の叱責経験・会話経験と，2つの罪悪感尺度得点との間には有意な相関係数は見られなかった（叱責経験と罪悪感対人で $r = .01$，叱責経験と罪悪感規則で $r = .11$，会話経験と罪悪感対人で $r = -.04$，会話経験と罪悪感規則で $r = -.16$，いずれも $n.s.$）。

記述統計量

	平均値	標準偏差	N
叱責経験	1.9902	.64016	80
会話経験	2.5025	.78401	80
罪悪感対人	25.66	6.360	80
罪悪感規則	17.84	8.730	80

相関係数

		叱責経験	会話経験	罪悪感対人	罪悪感規則
叱責経験	Pearsonの相関係数	1	.008	.005	.106
	有意確率(両側)		.945	.962	.350
	N	80	80	80	80
会話経験	Pearsonの相関係数	.008	1	-.044	-.163
	有意確率(両側)	.945		.697	.148
	N	80	80	80	80
罪悪感対人	Pearsonの相関係数	.005	-.044	1	.562**
	有意確率(両側)	.962	.697		.000
	N	80	80	80	80
罪悪感規則	Pearsonの相関係数	.106	-.163	.562**	1
	有意確率(両側)	.350	.148	.000	
	N	80	80	80	80

**. 相関係数は1%水準で有意(両側)です。

図12.24　相関係数の出力

3) **グループ別の相関係数**　相関係数をグループごとに算出したいときもあるだろう。そのときは，次のような手順で行う。ここでは，よく怒られた経験がある者とない者で相関係数を算出してみよう。

「データメニュー」→「ファイルの分割」を選択する。

「グループごとの分析」を選択し，「グループ化変数」に「C01_よく怒られたか」（ラベルは「よく怒られる方でしたか」）を指定する。この変数は，よく怒られた人が「1」，そうではない人が「0」となっている。この変数にしたがって，データが分割される。

「グループ変数によるファイルの並び替え」を選択していることを確認して「OK」をクリックする（図12.25）。

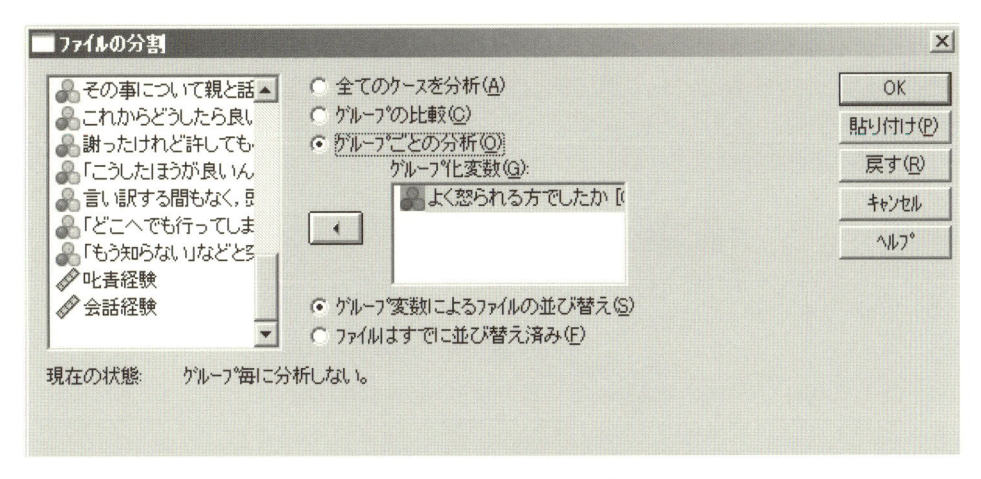

図12.25　ファイルの分割の指定

この指定を行った後で，先ほどと同じように相関係数を算出すると，グループごとの相関係数が算出される（図12.26）。有意な値ではないものの，怒られた経験が少ない者の場合，叱責経験と罪悪感対人が負の関係になる傾向が見られる（$r = -.32, p = .06$）。

よく怒られる方でしたか = .00

よく怒られる方でしたか = 1.00

相関係数[a]

		叱責経験	会話経験	罪悪感対人	罪悪感規則
叱責経験	Pearsonの相関係数	1	.072	-.315	.002
	有意確率（両側）		.675	.062	.990
	N	36	36	36	36
会話経験	Pearsonの相関係数	.072	1	-.010	-.207
	有意確率（両側）	.675		.954	.225
	N	36	36	36	36
罪悪感対人	Pearsonの相関係数	-.315	-.010	1	.403*
	有意確率（両側）	.062	.954		.015
	N	36	36	36	36
罪悪感規則	Pearsonの相関係数	.002	-.207	.403*	1
	有意確率（両側）	.990	.225	.015	
	N	36	36	36	36

*. 相関係数は5％水準で有意（両側）です。
a. よく怒られる方でしたか =.00

相関係数[a]

		叱責経験	会話経験	罪悪感対人	罪悪感規則
叱責経験	Pearsonの相関係数	1	-.133	.180	.054
	有意確率（両側）		.390	.241	.727
	N	44	44	44	44
会話経験	Pearsonの相関係数	-.133	1	-.086	-.196
	有意確率（両側）	.390		.580	.201
	N	44	44	44	44
罪悪感対人	Pearsonの相関係数	.180	-.086	1	.670**
	有意確率（両側）	.241	.580		.000
	N	44	44	44	44
罪悪感規則	Pearsonの相関係数	.054	-.196	.670**	1
	有意確率（両側）	.727	.201	.000	
	N	44	44	44	44

**. 相関係数は1％水準で有意（両側）です。
a. よく怒られる方でしたか =1.00

図12.26　グループごとの相関係数

t 検 定

1）分析の指定　2群間の平均値の差の検定は，*t*検定で行う。よく怒られた者とそうではない者の，叱責経験・会話経験の得点差を検討してみよう。

「分析」メニューで「平均の比較」→「独立したサンプルの*t*検定」を選択する（図12.27）。「検定変数」に，差を検討する変数を指定する。「叱責経験」「会話経験」を指定する。

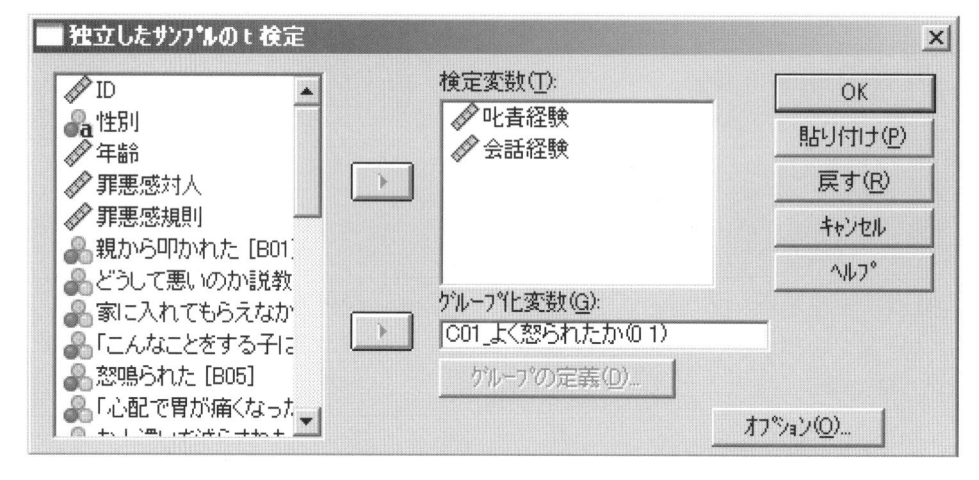

図12.27　*t*検定のウィンドウ

「グループ化変数」には，グループを分ける変数を指定する。グループ化変数を指定したら，

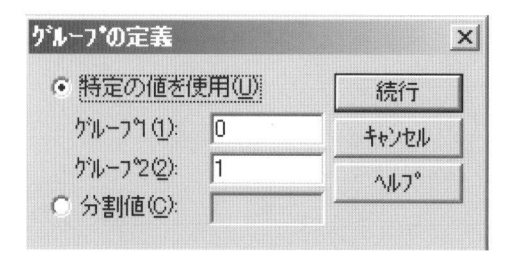

図12.28　グループの定義

「グループの定義」をクリックすると，グループの定義ウィンドウが表示される（図12.28）。今回の場合，怒られた経験が少ない者は「0」，多い者は「1」という数値を使用しているので，「特定の値」を選択し，グループ1，グループ2にそれぞれ「0」と「1」を指定する。指定が終わったら「続行」をクリックし，「OK」をクリックすると分析結果が出力される。

　2）**結果の出力**　　結果は図12.29に示すとおりである。

「グループ統計量」には，分析に使用した変数のグループごとの平均値や標準偏差が出力される。

「独立サンプルの検定」の表に，t検定の結果が出力される。2群間のt検定の場合，まず等分散性の検定を見る。

- 等分散性の検定が有意ではない→等分散が仮定される　　→t検定を行う
- 等分散性の検定が有意である　　→等分散が仮定されない→ウェルチ（Welch）の方法を用いる

SPSSではどちらも出力される。たとえば図12.29の「叱責経験」の出力を見る。等分散性の検定の有意確率は.06であり，ぎりぎり有意ではない。そこで，t値や自由度，有意確率（両側）は，表の上部（「等分散を仮定する」の部分）を参照する。叱責経験のt値は3.24（t値は絶対値を記載すればよい），自由度は78，1％水準で有意である（$t(78) = 3.24, p < .01$）。平均値をみると，よく怒られる者の方がそうではない者よりも叱責経験が多い傾向にあることがわかる。その一方で「会話経験」については，よく怒られたかどうかによって有意な得点差は見られなかった（$t(78) = 1.18, n.s.$）。

グループ統計量

	よく怒られる方でしたか	N	平均値	標準偏差	平均値の標準誤差
叱責経験	.00	36	1.7480	.53683	.08947
	1.00	44	2.1883	.65503	.09875
会話経験	.00	36	2.3889	.86049	.14342
	1.00	44	2.5955	.71201	.10734

独立サンプルの検定

		等分散性のためのLeveneの検定		2つの母平均の差の検定						
		F値	有意確率	t値	自由度	有意確率（両側）	平均値の差	差の標準誤差	差の95％信頼区間 下限	上限
叱責経験	等分散を仮定する。	3.701	.058	-3.239	78	.002	-.44030	.13593	-.71091	-.16968
	等分散を仮定しない。			-3.304	77.999	.001	-.44030	.13325	-.70559	-.17501
会話経験	等分散を仮定する。	2.046	.157	-1.175	78	.243	-.20657	.17577	-.55650	.14337
	等分散を仮定しない。			-1.153	67.862	.253	-.20657	.17914	-.56404	.15091

図12.29　t検定の出力

とにかく使ってみること

このような専門のソフトウェアは高価であり，身近なパソコンにインストールされていないので敷居が高いかもしれない。しかし，とにかくソフトウェアにふれてみるのが一番である。このような授業でデータを得るのは，このようなソフトウェアにふれる良い機会だともいえるので，ぜひ分析にチャレンジしてみてほしい。

SPSSの使用方法が書かれたマニュアルも数多く出版されている。リストを挙げておくので，参考にしてほしい。

・秋川卓也・内藤統也　（2005）．文系のためのSPSS超入門　プレアデス出版

・加藤千恵子・石村貞夫 (2005). 臨床心理・精神医学のためのSPSSによる統計処理 東京図書
・加藤千恵子・石村貞夫・盧 志和 (2003). SPSSでやさしく学ぶアンケート処理 東京図書
・小野寺孝義・山本嘉一郎 (2004). SPSS事典—BASE編 ナカニシヤ出版
・小塩真司 (2004). SPSSとAmosによる心理・調査データ解析—因子分析・共分散構造分析まで— 東京図書
・小塩真司 (2005). 研究事例で学ぶSPSSとAmosによる心理・調査データ解析 東京図書
・石村貞夫 (2004). SPSSによる統計処理の手順［第4版］ 東京図書
・若島孔文・都築誉史・松井博史 (2005). 心理学実験マニュアル—SPSSの使い方からレポートへの記述まで— 北樹出版

文　献

石川隆行・内山伊知郎 (2002). 青年期の罪悪感と共感性および役割取得能力の関連 発達心理学研究, **13**, 12-19.
中谷・西川・早河・久本・桝谷・宮崎・山口・宮地 (2006). 親からの怒られ方と罪悪感の関係性 基礎実習B（調査法）2005年度最終レポート（中部大学）

12　多面的楽観性測定尺度

　近年，否定的な概念を主な検討対象としてきた従来の心理学に対して，より肯定的な心理学的現象に焦点を当てようとする動きがある。このような肯定的な心理学的概念の代表的なものの一つが楽観性である。しかしながら，従来の研究で用いられている楽観性の定義は必ずしも一致していない。たとえば，「将来，肯定的な結果が生じることを期待する傾向」のように，楽観性とは未来のよい出来事の予測であるとする立場がある。将来，自分にとってよい出来事が起こるだろうと考えるのが，楽観的な人だということになる。しかし一方で，すでに起こった出来事のよい側面に注目することが楽観性であるという考え方もある。自分の経験の悪い面ばかりを気にするのではなく，よい面を見るようにするという姿勢が楽観性なのだという考え方である。また，よい出来事が起こるのではないかというだけでなく，悪い出来事を避けられるだろうというものも楽観的な考え方といえるのではないだろうか。

　このように，楽観性にはさまざまな形の定義がされている。そこで，中西・小平・安藤（2001）は，幅広い楽観性を同時に測定するための尺度である多面的楽観性測定尺度4下位尺度版（Multiple Optimism Assessment Inventory 4-subscale version；MOAI-4）を作成した。

　MOAI-4は，「割り切りやすさ」「肯定的期待」「運の強さ」「困難の不生起」の4つの下位尺度があり，それぞれの下位尺度に対して6項目ずつの全24項目からなる。

　「割り切りやすさ」は，自分に起こった悪い出来事や失敗に対してあまり長くこだわらない傾向を表しており，「何事もあれこれ思い悩まない」「失敗してもそれにこだわらない」といった項目が含まれている。「肯定的期待」とは，自分の将来に良い結果が生じるだろうと考える楽観性であり，「何か困難な出来事が起きても，切り抜けることができると思う」「この先楽しいことがきっと待っていると思う」のような項目で測定される。「運の強さ」は，自分自身の運の強さについての信念であり，「ジャンケンにはいつも勝てると思う」「自分はジャンケンをすると負けないような気がする」などの項目からなる。「困難の不生起」は，よい結果が生じることを期待するのではなく，悪い結果が生じないことを期待する傾向であり，「他者に裏切られることはないだろう」「自分は犯罪に巻き込まれないと思っている」などの項目から構成されている。

　教示は，「あなたは普段，どのように考えて生活していますか？　下の文章のそれぞれについて，1『全くそう思わない』，2『そう思わない』，3『どちらともいえない』，4『そう思う』，5『非常にそう思う』のどれかを選んで○をつけて下さい」というものである。

　MOAI-4は，小平・安藤・中西（2003）によって，大学生活不安・対人ストレスイベントおよび身体的健康との関連が検討されており，MOAI-4のそれぞれの下位尺度によって，関連する適応領域が異なることが示されている。

（安藤史高）

文献

小平英志・安藤史高・中西良文　（2003）．大学生・短期大学生の生活適応と関連する楽観性の諸側面―学校適応，対人ストレス経験，身体的健康を指標として―　学校カウンセリング研究, **6**, 11-18.

中西良文・小平英志・安藤史高　（2001）．MOAI-4（多面的楽観性尺度4下位尺度版）作成の試み―確認的因子分析による検討―　東海心理学会第50回大会発表論文集, 23.

13 方法および結果の書き方

　本章では，論文中の方法および結果の書き方について述べる。方法および結果は，その研究においてデータをどのようにして収集したのか，そのデータから何が示されたのかについて記述する部分になる。そのため，具体的な事実に関する記述が多くを占めることになり，論文の中でも客観的な表現が求められる部分である。また，ある程度の様式が決まっており，それにしたがって書かなくてはならない。今まで書いていた作文やレポートなどとは異なった文章が必要となることから，違いに戸惑うこともあるかもしれない。

　論文の様式に関して，日本心理学会では機関紙である「心理学研究」「Japanese Psychological Research」への投稿論文の書き方を，「日本心理学会　執筆・投稿の手びき（以下，「手びき」）」として刊行している。手びきは，インターネット上の日本心理学会のサイト（http://www.psych.or.jp/publication/inst.html）から入手可能である（本稿執筆時点では，2005年改訂版が利用できる）。この手びきは，日本心理学会の機関誌だけでなく，日本の心理学雑誌の多くの投稿規程が参考にしていることから，実質的に標準となっている規定である。そのため，投稿論文に限らず，心理学の卒業論文や修士論文などでもこの手びきにしたがって書くことが望ましい（ただし，それぞれの学科・専攻などで独自の規定がある場合には，そちらにしたがう必要がある）。そこで本章では，手びきの内容を紹介しながら，方法および結果の書き方を説明していく。

方法の記述

　そもそも，なぜ論文に方法を書く必要があるのか。方法を書く主な目的としては，①研究の妥当性の検討のため，②研究の追試を可能にするため，の2つが挙げられる。

　科学的研究とは，客観的手続きにしたがって収集されたデータをもとにして，何らかの検証を行うという形式で進められる。その研究でどれほど画期的な主張がされていたとしても，研究のデータが適切に収集されていなければ，そのデータから得られた結果もまた適切なものとはいえなくなる。たとえば，非常に恣意的な方法によって収集されたり，偏ったサンプルから集められたりしたデータに基づく知見は，そのまま一般的な結果とすることはできない。そのため，適切な研究手法を用いることが必要になるが，方法を記述することによって，研究手法に問題がないかを他者が検証できるようになるのである。

　また，追試とは，ある研究と同じような方法を用いて第三者が研究を行うことで，その研究の知見が正しいものであるかを検証することである。科学的研究においては，画期的な新発見が報告されたとしても，それがすぐに定着するわけではない。画期的な新発見として大きく話題になったものの，他の研究者の追試において同じような結果が見られなかったために，定着しなかった例はいくつもある。科学的研究は，多くの追試に耐えられる結果だけが理論として受け入れられていくことで，発展していくのである。心理学においても同様に，他の研究者の追試を受けることで，その研究の結果が確認されることになる。そのため，他者による追試が

方法に記述する内容

方法では，研究の手法を確認し，研究と同様の手続きで追試を行うことができるようにするために，研究の手続きを可能な限り詳細に記述しなくてはならない。紙幅の指定があるような場合には，その範囲内で何を述べるかを選択しなくてはいけないが，卒業論文や修士論文など，分量に制限のない場合には，できるだけ細かく述べることが望ましい。方法では，いくつかの項目ごとに分けて書くことが一般的である。また，通常，方法は過去形で書く。

1）被調査者 その研究に参加し，データ収集の対象となった人について述べる。質問紙調査の場合には「被調査者」「調査参加者」「調査協力者」となる。なお，実験に参加した場合には「実験参加者」「被験者」，動物実験の場合には「被験体」などとする。

参加者の人数，性別ごとの人数，平均年齢などを記述する場合が多いが，必要な内容は研究によって異なる。たとえば，地域による差異を比較するような研究では，研究対象とした地域を述べる必要がある。文化差を検討するのであれば，どのような文化を対象として研究したかが必要になるだろう。また，視覚的刺激を用いた場合には，実験参加者の視覚に研究参加上の問題がなかったかを確認し，それを記述する。

以上のように，実験参加者・被調査者のどのような情報が必要となるかは，その研究内容によって決まるため，自身の研究内容をよく考慮したうえで，必要な情報を選択しなくてはならない。

2）調査内容 質問紙の調査内容について述べる。一般的には，それぞれの尺度ごとに，その尺度の内容，項目数，回答段階などを記述する。先行研究において作成されている尺度であれば，その研究を引用することになる。使用した尺度が今回作成したものであるならば，その作成方法について述べる。

3）手続き 調査を行った手続きについて述べる。調査時期，調査者の情報，調査の方法，回答形式などを記述することが多い。たとえば，大学1年生に対して調査を実施する場合でも，4月に実施した場合と3月に実施した場合では，回答が異なる可能性がある。そのため調査時期の記述によって，被調査者の状態を推測することができる。また，授業などにおいて集団で実施したのか，もしくは実験室などで個別に回答してもらったのかなど，調査の具体的な手続きを記述する。追試を試みたときに同じ方法がとれるかどうかを意識しながら，書く内容を考えなくてはならない。

結果の記述

調査によって得られたデータを分析し，得られた知見について記述する部分が結果である。心理学の研究においては，仮説をデータに基づいて検証するという形が一般的であり，結果は論文の根幹にあたる重要な部分となる。

そのため，特に客観的で公正な記述が必要となる。後の考察の部分では，研究者の解釈に基づく記述も許されるが，結果においてはそのような記述は避けた方がよい。また，仮説に反するような，ある意味「都合の悪い」結果についても，省略することなく示すことが必要である。

結果に記述する内容

方法では多くの研究で共通した内容が記述されるが，結果は研究によって内容が大きく異なる。特に区切ることなく記述する場合もあるが，統計的処理もしくは仮説ごとに小見出しをつ

けて記述する場合が多い。以下では，どのような内容を記述するべきかを述べる。なお，結果についても方法と同じく過去形で記述する。

　1）**データの整理方法**　　統計的分析を行う前の段階で，データに何らかの処理を行う場合には，それについて述べる必要がある。たとえば，大学の授業で調査を実施すると，20代だけでなく30代，40代の受講生からも回答が得られる場合がある。他の多くの被調査者と年齢の異なるデータを分析に用いるべきかは研究の目的によって異なるが，青年期を対象とした青年心理学的研究を行っているのならば，分析から除く必要があるだろう。その場合には，どのような基準で被調査者を取り除いたのかを述べることになる。また，質問項目にすべて回答しておらず，欠損値のある被調査者の扱いなどについても記述する。

　2）**統計的分析**　　質問紙調査などのように量的なデータを収集した場合には，一般的に統計的な手法を用いた分析を行う（第11，12章を参照）。仮説を検証するために必要な統計的手法を吟味し，適切な分析を行うことが重要である。

　データはさまざまな形で分析することが可能であるが，研究全体の目的を考慮し，その目的に沿って分析することが望ましい。分量の制限がない場合であっても，必要以上に冗長な分析を行うことは，結果として論文全体の論理展開が散漫になることにつながるため，避けるのが賢明である。

　統計的手法の記述方法については，それぞれの手法に対して標準的な形式がある。その分析の結果を解釈する際に必要となる統計量が決まっているため，それを過不足なく述べる必要がある。たとえば，t検定を行った場合には，t値，自由度および有意水準を記述するのが一般的である。どのような統計量が必要となるかについては，統計的手法に関する文献や雑誌に掲載された論文の記述などを参考にしてもらいたい。なお，統計概念の記号（t検定のtや有意水準のpなど）はイタリック体にする。

　また，統計結果を記述する際には，得られたすべての結果を文章にする必要はない。特に，分量に制限のある場合には，すべての結果についてふれることは困難である。そこで，仮説検証に必要な結果についてのみ文章で記述し，その他の結果については図表に示すことで，読者に読み取ってもらうことになる。たとえば，いくつかの変数間の相関係数を算出した場合には，得られた相関係数のすべてを文中で述べることはせずに，相関行列を表として示す。

　しかし，すでに述べたように，仮説に反する結果を示さず，仮説を支持する結果のみを述べるといった，恣意的な記述をしないことが求められる。

図表について

　図表を用いることで分析結果がわかりやすく示される。そのため，結果において適切に図表を用いることにより，分析結果に対する読者の理解を深めることができる。しかし，図表はあくまで付随的なものであり，重要な結果については文章で述べなくてはならない。結果の記述や仮説の検証は，文章で行われるべきものであり，図表は読者の理解を容易にするために用いられるものである。

　また，不必要な図表をむやみに作成することも避けるべきである。図表については，必要な図表を厳選して用いる。その際，いくつかの図表で内容が重複しないように心がけなくてはならない。図表は便利なものであるが，だからこそ安易に不必要な図表まで作成したり，図表のみで結果を示すことのないようにする。

表

　表の書式は，手びき「1.7　表」に詳細に記述してあるので，そちらを参照する。すでに述

べたが，手びきは「心理学研究」「Japanese Psychological Research」のためのものであるので，論文執筆の手びきが別にある場合には，そちらを優先させるべきである。ここでは，一般的な心理学論文での表作成上の注意点を述べる。

　1）**表のタイトル**　　表には論文中に出る順番に通し番号をつける（Table 1, Table 2：表1，表2など）。博士論文など，いくつかの章から構成されている場合には，Table 1-1, Table 2-1などのように，章ごとに1から番号をつけることもある。しかし，通常の論文では，問題・目的から方法・結果・考察の全てを通じて，通し番号をつける。番号の後に，表の題をつけるが，表の内容を適切に示しつつ，できるだけ簡潔な表現が望ましい。なお，表のタイトルは，表の上部中央に記載する。

　2）**表の罫線**　　通常の書籍や報告書の表と異なり，心理学論文の表では，表中の罫線はできるだけ少なくする。特に，縦の罫線はほとんど用いられないので，横の罫線のみで表を作成すると考えてよい。斜めの線は用いない。縦の罫線をほとんど用いないために，数字の桁そろえや項目間の間隔などに注意し，見やすい表を作ることが重要である。

　3）**表中の数値**　　上記のように，表中の数値や項目などは，特に縦にそろえて書くことを心がける。数値は，小数点の縦位置をそろえ，小数点以下の桁数を同じにすることで，見やすくなる。なお，その統計量（の絶対値）がすべて1以下となるような場合には，一の位の0を省いて書く。たとえば，相関係数は−1から1の間の値をとる。そのため，「0.42」ではなく，「.42」のように書く。

　4）**表の注**　　論文中に脚注を用いることがあるが，表の注釈は各表のすぐ下につける。表の注釈として多く見られるのは，表中に用いた記号の説明である。表中に示した統計結果の有意水準をアステリスク（*）で示すのが一般的であるが，そのアステリスクと有意水準との対応を示す。たとえば「** $p<.05$」という表記で，アステリスクが2つついている値は，5％水準で有意であることを示している。また，表中の項目名が長い場合に，略称を用いることがあるが，本文中で説明されていない略称を用いる場合は，表の注で説明する必要がある。

　図13.1に表の例を示す。仮想データを用いた動機づけ間の相関係数を示した表であるが，

表1　動機づけ間の相関係数

	外的調整	取り入れ的調整	同一化的調整	内発的調整
外的調整	――	0.27**	−0.04	−0.09
取り入れ的調整		――	0.46***	0.27**
同一化的調整			――	0.46***
内発的調整				

↓

Table 1　動機づけ間の相関係数

	外的調整	取り入れ的調整	同一化的調整	内発的調整
外的調整	――	.27**	−.04	−.09
取り入れ的調整		――	.46***	.27**
同一化的調整			――	.46***
内発的調整				

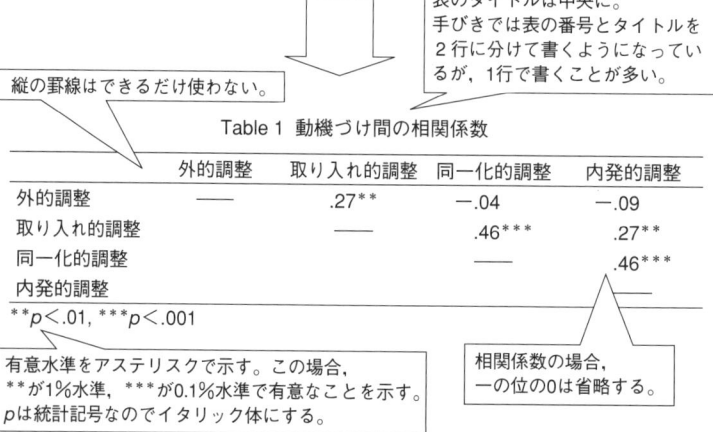

** $p<.01$, *** $p<.001$

（注釈）
- 縦の罫線はできるだけ使わない。
- 表のタイトルは中央に。手びきでは表の番号とタイトルを2行に分けて書くようになっているが，1行で書くことが多い。
- 有意水準をアステリスクで示す。この場合，** が1％水準，*** が0.1％水準で有意なことを示す。p は統計記号なのでイタリック体にする。
- 相関係数の場合，一の位の0は省略する。

図13.1　望ましい表の書式例

一般的によく用いられるのは，上に示したように罫線を入れる書式である。しかし，心理学論文では，下のような書式の表にしなくてはいけない。

図

図の書式は，手びき「1.8　図」に詳細に記述してある。論文において，図として示されるのは，理論のモデル，研究の流れ，パス図，グラフなどである。また，研究に用いた材料などを図や写真で示す場合がある。いずれの場合も，表と同様に必要なものを厳選して使用するのが望ましい。

また，表で示した数値をあらためてグラフ化するといったことは，内容的に重複する図表を用いることになるため，避けるべきである。そのような場合には，図表のいずれが効果的であるかを考えて，どちらを使用するか決めなくてはならない。

作図にあたっては，内容の読み取りやすさを第一に考え，不要な装飾はできるだけ取り除いた方がよい。たとえば，Microsoft Excel などの表計算ソフトや作図ソフトを用いて何も指定せずに作図した場合，不要な装飾が行われていることが多い。しかし，心理学論文では一般的に，図の外枠や座標の補助線は用いない。また，背景色なども用いないようにする。論文は多くの場合モノクロの原稿になる。そのため，コンピュータの画面上では見やすい配色であっても，印刷した時に非常に読みとりにくくなる場合があるので，印刷時の状態を意識しながら作図する必要がある。

また，図においても表と同様の形式でタイトルをつける（Figure 1, Figure 2：図1, 図2 など）。通し番号は，図と表のそれぞれでつける。なお，表のタイトルは上部中央であったが，図の場合は下部中央にタイトルをつける。

1) モデル図　研究で利用する理論的なモデルを図示することにより，読者の理論に対する理解を深めることができる。また，因果的なモデルに対して，回帰分析や共分散構造分析などによる検証を行った際には，理論的なモデルに準じたパス図を示すことで，理論のどの部分がどのように支持されたのかが明らかとなる。

2) 研究の流れ図　たとえば，縦断的な調査を実施し，かつ各調査時点で質問項目が異なる場合などでは，文章による説明だけでは，どのようなデータが取得されたのかわかりにくいことがある。そのような場合に，研究の手続きについて図示することで，得られたデータの内容が理解しやすくなり，分析の理解もスムーズに行われる。

3) グラフ　統計的な分析の結果をグラフで示すことで，群間の差や値の変動などが直観的に把握できるようになる。

心理学論文においては，折れ線グラフ，棒グラフ，散布図などが用いられることが多い。折れ線グラフは，連続的に変化する数値を示す場合に利用される。縦断的な調査での尺度得点の変化などは折れ線グラフを用いるのがよいだろう。一方，棒グラフは，いくつかのカテゴリー間の比較に用いられる。男女差の比較や，横断的な調査での異年齢集団間の比較などである。また，散布図は，二変量間の関係を示すためなどに利用される。

このようにグラフは，図示する内容とグラフの種類を対応させなくてはならない。たとえば，折れ線グラフは連続的な変化を示すのに使われるものであるため，非連続なカテゴリーを並べて折れ線グラフにすることは避けるべきである。折れ線によって示される「変化」は，横軸の項目をどのように並べるかによって決まってくる。連続的な項目（つまり，時間のように並び方が決まっている場合）は問題ないが，連続的でない項目（並び方が自由に決められる場合）は，その「変化」の様子は横軸の並びによってどのようにでも変わってしまうからである。

図 13.2 にグラフの例を示す。上に示したグラフは，表 13.1 のデータをもとにして Microsoft Excel を用いて作成した棒グラフである。細かな書式の設定を行わずに，標準のままで作成するとこのようなグラフになるが，これは論文に用いるグラフとしては望ましくないため，下の

ように書式の修正をしなくてはいけない。

表13.1 性別ごとの動機づけ得点

	外発的動機づけ	内発的動機づけ
男性	2.22	2.86
女性	2.11	3.01

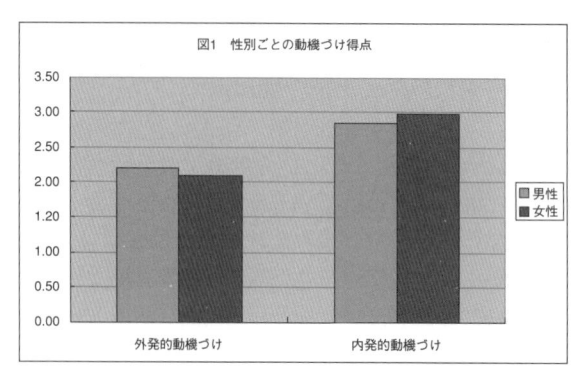

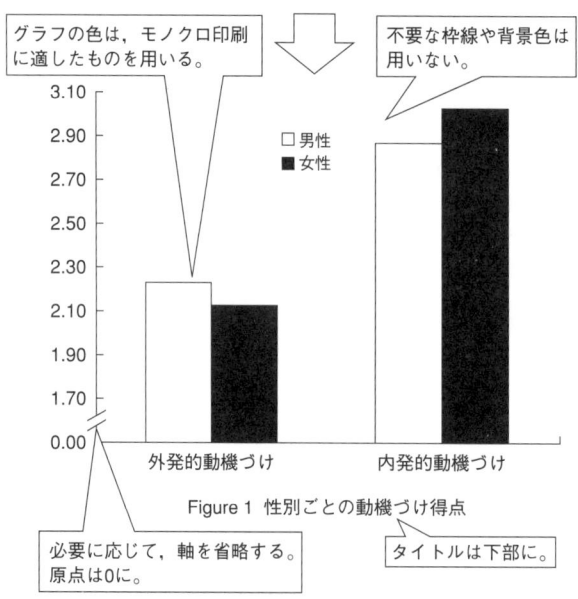

図13.2 望ましいグラフの書式例

まとめ

　方法および結果は，その研究でどのようにデータを収集し，そのデータから何が示されたのかを述べる部分である。論文形式でないレポートや作文などでは求められなかった文章であり，書くべき内容や書式が決められているため，慣れないうちは書き方に戸惑うこともあるかもしれない。慣れるまでは，さまざまな論文を参考にしながら，方法・結果にはどのような記述が必要かを理解するようにするのがよいだろう。

文　献

日本心理学会　(2005).　日本心理学会　執筆・投稿の手びき(2005年改訂版)

13　批判的思考態度尺度

　現代は情報化社会とよばれているように，人は日常生活においてもさまざまな情報にさらされている。このような社会では，示された情報を適切に選び取る思考力が必要とされるだろう。批判的思考とは，自分の推論過程を意識的に吟味する反省的な思考であり，何を信じ，主張し，行動するのかの決定に焦点を当てる思考である。また，他者から示された意見が自分の意見と一致しない場合でも，その気持ちを介入させることなく推論する思考である。身の周りにあふれている多くの情報を適切に選び，よりよい生活にするためには，ものごとを客観的にとらえ，多面的に検討し，適切な基準に基づいて判断する批判的思考が重要と考えられる。

　批判的思考態度尺度は，批判的思考に必要とされる態度に焦点を当て，それを測定するものである。この尺度は，平山・楠見（2004）が作成したものであり，「論理的思考への自覚」下位尺度，「探究心」下位尺度，「客観性」下位尺度，「証拠の重視」下位尺度という4つの下位尺度，合計33項目からなりたっている。

　「論理的思考への自覚」下位尺度は，「物事を正確に考えることに自信がある」「誰もが納得できるような説明をすることができる」など，思考に対する自信に関連する項目13項目から構成されている。「探求心」下位尺度は，新しいことを学ぶ意欲や挑戦しようとする態度を意味するものであり，「いろいろな考え方の人と接して多くのことを学びたい」「どんな話題に対しても，もっと知りたいと思う」など10項目が含まれる。「客観性」下位尺度は，「いつも偏りのない判断をしようとする」「たとえ意見が合わない人の話にも耳をかたむける」など，客観的に判断を下そうとする内容や，自分の意見にこだわらないよう心がけようとする内容の7項目で構成されている。「証拠の重視」下位尺度は，判断の証拠を重視する態度を意味する「結論をくだす場合には，確たる証拠の有無にこだわる」「何事も，少しも疑わずに信じ込んだりはしない」などの3項目から構成されている。

　教示は，「以下の項目は，あなた自身にどの程度あてはまるでしょうか。『あてはまる』から『あてはまらない』のうち，あてはまるものに○をつけてください」というものである。回答方法は，「あてはまる（5点）」「ややあてはまる（4点）」「どちらともいえない（3点）」「あまりあてはまらない（2点）」「あてはまらない（1点）」の5段階で評定を求める形式になっている。

　平山・楠見（2004）は，批判的思考態度が読解教材を読んで結論を導き出す過程にどのように影響するかを検討している。その結果，証拠を評価する段階に対して，自分の信念と一致した結論を導くという信念バイアスがあること，しかし，そのような信念バイアスは，批判的思考態度の一つである「探究心」態度によって，避けることができることが明らかにされている。

〈布施光代〉

文　献
平山るみ・楠見　孝　（2004）．批判的思考が結論導出プロセスに及ぼす影響―証拠評価と結論生成課題を用いての検討―　教育心理学研究, **52**, 186-198.

14 考察のしかた

はじめに

　考察はレポートの中で後半の山場である。この部分の出来がレポートの評価を左右するといっても過言ではない。しかし，考察の書き方がわからず，困る人が多い。

　理科の実験を思い出してみよう。たとえばシャボン玉を作るとき，針金でできた丸や三角や星の形をした型を使っても，できるシャボン玉は球になる。では，なぜ三角や星型のシャボン玉はできないのか。なぜ，すべて球のシャボン玉になるのか。この疑問について仮説を立て，どう実験すればその仮説が検証できるかを検討し，実際に実験して結果をみる。このように仮説を立て，実験をした経験をもつ人がほとんどだと思う。

　その実験結果について論理的に議論する部分が考察である。そのため，物事の分析力やもっている知識，調べたことを総動員して，多角度から結果について考え，結果に対する解釈可能性を議論していくことが必要とされる。英語論文では考察を Discussion というのも納得できよう。

　結果が出ていれば別に考察なんかしなくてもわかるじゃないか，と思うかもしれない。しかし，同じ結果から万人が同じ結論を導き出すとは限らない。たとえば，相関係数が $r = .26$ であった場合を考えてみよう。相関係数が低いから，両者の関連は弱いとみなす場合もあるし，有意だったら相関係数が低くても意味のある関連として積極的に取り上げる場合もある。結果から解釈する内容が異なれば，結論も異なってくる。多くの人に理解してもらうために，さまざまな可能性を考慮しながら，論理的に結論を導き出し，結論の適切性を示すことが求められるのである。

考察に記述する内容

結果を解釈して述べる

　考察は結果について多角度から議論して，結論を出すところである。その過程で必ず行うのが結果の解釈である。解釈とは，結果の示す意味を読み取り，説明することである。1つの結果からいろいろな解釈ができるため，筆者の解釈を示すことが求められるのである。たとえば，以下のような書き方がある。

　「性差について検討したところ，女性よりも男性の方が数学の成績の高いことがわかった。これは，ジェンダー・ステレオタイプの影響が考えられる。男性は数学的能力が女性よりも高いというステレオタイプがあり，その能力を男性に期待する傾向があると思われる。すると，男性が周りの期待に応えようとして努力した結果，数学的能力を高めた可能性が考えられる。また，周りもヒントを与えるなどして，数学的能力を伸ばす方向に働きかけ

た結果，男性の数学的能力が高められたことも考えられる」。

書き方としては，考察内容に対応する結果を述べてから考察に入るのが望ましい。いきなり考察から書き始めると，どの結果の考察なのかがわかりにくいからである。しかし，結果の記述をそのまま載せるのは望ましくない。たとえば，「t検定をしたところ，性差が認められた（$t(120) = 5.36, p < .001$）。」や「Table 1から……」という書き方は避けた方がよい。考察では数値を載せたり，TableやFigureを指定して説明したりすることはしない。結果を文章にして説明しよう。

また，考察するのであれば，必ず結果で触れておこう。結果の章で記述していない内容を考察にもちこんではならない。表に載っているし，大筋の結果ではないから文章で説明しなくてもいいと思ってはいけない。文章で記述しよう。

そして，結果→それに対応する考察，結果→それに対応する考察，の繰り返しで書こう。考察する結果の解釈についてまとめて述べてから考察するのは避けたい。そのようにすると，どの結果に対する考察か読み手がわからなくなってくるためである。

仮説を検討する

1）仮説の確認 多くの場合，調査をする前に仮説を立てる。そうしたとき，考察でその仮説が支持されたか否かについて述べることが必要とされる。たとえば，「女性の方が男性よりも友人に対する携帯電話のメールへの返信時間が早い」という仮説を立てたとする。調査をして分析したところ，女性の方が男性よりも有意にメールへの返信時間が早かったという結果がみられたとする。この場合，仮説は支持されたと考えられる。

2）論理的議論の確認 次に，問題で述べた論理的議論が確認されたのか，変更されるのかを述べることが求められる。仮説が支持されなかった場合，論理的議論を変更する必要がでてくるだろう。その場合，再度文献研究をして，結果を解釈できる手がかりを探し，論理的議論の再構築をすることが求められる。それは，仮説が一部支持されたときも同じである。

3）別の解釈可能性を探る 仮説が支持されたからといって先に行った論理的議論が確認されたことになるとは限らない。結果に対して別の解釈が成り立つ可能性がないかどうかを確認しなければならないのである。これらのことは本当はできる限り問題の章でやっておくことである。しかし，考察で再度確認して，結論を示すようにしよう。

結果そのものが，研究者の立てた仮説の妥当性を示しているわけではない。研究者が結果から結論を推測しているに過ぎないのである。そのため，自分の考えや仮説にとらわれず，結果に対する解釈の可能性をできる限り議論したうえで，現象を理解しなければならないのである。

手続き的なミスの確認

仮説が支持されていてもいなくても議論しておきたいのは，手続き上のミスがあったのか，それが結果にどのように影響しているのかについてである。ただ，単純なミスは調査を実施する前に防ぐ必要がある。たとえば尺度項目内容の間違いや質問紙の乱丁落丁，教示文の理解しにくさなどは，事前に確認すれば防げるものである。そのようなものでも調査を実施してからミスに気づき，それらのミスが結果に影響していると考えられる場合はきちんと議論しておこう。

そのような単純なミスでなくても，調査を実施してから判明するミスもある。たとえば，調査協力者が他の授業でレポートを課されていて彼らの不安が高まっているときに調査者が調査を実施したため，結果が変わってしまったなどということは十分起こり得る。そのような場合も，そのミスが結果にどのように影響しているのかは記述しておこう。

また，ミスとはいえなくても，とった方法が結果に与えた影響に関しては議論しておいた方がよい。たとえば，仮説を検証する方法として直接的で容易な方法があるが，倫理的な問題に配慮して別の方法をとることはあり得ることである。具体的に示すと，青少年の犯罪意識を調べる目的で，軽犯罪から重犯罪までの犯罪行動欲求を尋ねることには問題がある。そのため，犯罪に対する許容性を尋ねる，規範意識を尋ねるなどの方法をとるなどして，仮説の検証をしたとする。そうした場合，犯罪に対する許容性や規範意識は結果からわかるが，犯罪行動欲求はそこから推測するしかない。もし，非行少年に比べて補導歴のない少年の方が犯罪に対して許容性が低い場合，補導歴のない少年の方が犯罪行動欲求も低いのであろうと推測するのである。このように，どのようなことは結果からわかるようになって，どのようなことは結果からの解釈や先行研究を踏まえての推測でしか述べることができないのか，はっきりさせておこう。

研究の問題点や限界

考えられるうえでベターを尽くし，問題点の少ない研究が良い研究といわれる。研究の中で問題点や限界がまったくないということはあり得ないといっていい。問題点や限界について気づいていない，または無視しているわけではなく，問題点や限界をわかっていて，それをどのように筆者が考えているのかを示すため，研究上の問題点や限界はきちんと記述しておく必要がある。しかし，あまりにも問題点が多すぎると，研究の意義に関わる。比較的大きな問題点は取り上げておくべきだが，大筋に関わらない小さなことは記述する必要はない。

そして，問題点や限界に対してディフェンスが必要なものはここでしておこう。研究をするうえでゆずれない部分がでてくる場合は少なくない。問題だと思われるけれどもこれはこういう理由で意義があると考えられる，と主張することは大切なことである。だからといってすべてに理屈をつけて問題を認めない姿勢は感心しない。今後改善をした方がいい点と，これは今後もゆずれないという点をきちんと弁別しておこう。

研究の問題点や限界は今後の課題につながりやすい。そのため，今後の展望や課題につなげて書くことをすすめる。

今後の展望や課題

研究の知見というのは積み重ねである。いくつもの研究の知見を積み重ねた結果，いろいろなことがわかるようになるのである。たとえば，どういう状況のときに愛他的行動が抑制されやすいか，促進されやすいか，ということはいくつか研究を重ねないとそのバリエーションはつかめない。そのため，これからこうした方向に関してもっと知見を積み重ねた方が教育現場に有用なのではないか，こういう方法で検討することによって抑圧された感情をより明確にみることができるのではないか，などの指針を示すことは必要である。それによって読み手は研究の位置づけが理解でき，そのうえ今後研究の進んでいく方向性がわかるので，後の筆者の研究動向に注目することもできるようになる。

考察を書くうえでの注意点

感想を書くところではない

よくみられるのは，考察に感想が書かれたレポートである。考察は結果について論理的に議論することが目的であるため，「これからは気をつけて行動したい」「いろいろなことがわかってよかった」などの個人的感情は考察に必要ない。どうしても感想が書きたい場合は，レポートなら別に章を設けて書いたらよい。

見出しをつける

考察の記述内容ごとに見出しをつけて書く方がよい。さまざまな内容について考察で議論されるため、見出しをつけない場合、上手に書かないと内容理解に支障をきたす場合が多い。「尺度作成について」や「性別による携帯メールの使用状況の差について」といったように区別して書くと、どのような内容が書かれているかがすぐわかり、見たい考察部分を見つけやすい。

記述量の配分や記述順に気をつける

研究の中では仮説や研究目的を検討する分析だけを行うわけではない。それに行き着くまでにいろいろな分析結果が必要となる。たとえば、尺度間の関連をみることが目的である場合、その分析をする前に尺度の因子分析の結果を出すことが多い。このように目的に関する結果を出すための必要最低限の分析結果を出していくと、目的に直接関係しない分析結果も、考察の記述に加える必要性が出てくる場合がある。

ただし、もっとも紙面をさいて考察するべきは、あくまで目的に関する内容である。研究の目的に関する考察が相対的に少なくて、それ以外の結果に関する考察が多いと、研究の目的がそれかねない。筆者はこれまでさまざまなレポートを見てきたが、記述の配分が崩れているレポートは、仮説が検証されており、仮説にない分析を行った結果に対して考察していることが多いように思う。たとえば、仮説にはないが、性差の検討をしてみたという場合である。

また、問題や目的とズレた考察をすると、全体として一貫性がなくなってしまい、結局何がこの研究から言いたかったのかがわからなくなってしまう。本論と一貫しているかを確認しよう。

そして、考察でふれる順はよく吟味しよう。結果の記述順に書く場合もあるし、仮説から書き始めて、その他はその後に書く場合もある。分析結果の内容や考察の文脈によって書き方は変化する。どうしたらわかりやすいか、説得力があるか、問題からの一貫性を保てるかを考えて文章構成をしよう。

論理の飛躍に気をつける

普段のコミュニケーションであれば、相手のもっている知識や一般的な常識などを踏まえて、省略した内容でも相手に伝達されることが多い。ただ、話す相手が異なれば、省略することで誤解を生んだり、理解されなかったりすることも多くなる。

学術論文はいろいろな人が目にするものである。もっている知識や信念が異なる人たちに理解してもらうためには、一から十まで丁寧に記述する必要がある。たとえば、「友人関係の良好な人は精神的健康が高い傾向にあることから、友人関係の良好な人は家庭での会話が多く、攻撃的な内容は少ないだろう」という記述は、他に追加説明がなければ明らかに飛躍している。精神的健康と家庭での会話量と質の間をつなぐ説明を入れないと、筆者がどのように考えてそれらに関連があると考えているのかがわからない。読み手は読み手の知識や経験でそれらの関連に対するさまざまな解釈可能性を思いつくため、それをもとに読み手が理解してしまっては筆者の伝えたいことは伝わらないのである。読み手の推測に頼って記述を省略してはいけない。これはレポートでも同じである。

特に問題と考察は論理の飛躍がおきやすい。悪いことに、論理の飛躍は自分ではなかなか気づきにくい。筆者は知ったうえで書いているから、自分で読み返しても気づかないのである。そのため、書いたら他の人に読んでもらって、論理の飛躍がないか確認しよう。

引用文献を使う

問題と同様、自分の意見だけで議論していては説得力に欠ける。なぜかというと、筆者だけ

の考えでない保証がどこにもないからである。たとえば，「〇〇のランチはおいしい」と友人Aから聞いたとしよう。あなたはそれに興味をもつかもしれない。しかし，友人Aの好みに合うだけで，自分も同じように感じるかはわからない。では，「〇〇のランチはおいしい」と，舌の肥えた板前さんやシェフが何人か言っているのを聞いたときはどうだろう。その信憑性はかなり上がるだろう。

このように，自分の意見を補強するために，先行研究の知見，理論を活用することが望ましい。その引用元は論文や専門書など，その分野の専門家が書いた資料の方が信頼度が高いので良いだろう。どうしても論文や専門書で見つからないときは，新書などを利用してもかまわない。ただし，ホームページに書いてある内容はその信憑性にかなりの開きがあるため，引用には慎重になる方がよい。

また，心理学以外の分野の知見が引用されることによって説得力を増すこともある。たとえば，成人女性と成人男性の主観的幸福感を規定する要因の差について考察する場合，就労形態や就労時間，子育てに関与する内容など，社会的統計があるとより説得力が増す。このように，社会学や医学など，必要に応じて広範囲の文献を見てみよう。

引用する際の注意点として，自分の考えと他者の考えや発見は，読み手が区別できるように書くようにする。発表されているアイディアや発見，考えはその人が時間と労力をかけて生み出したものである。そのため，著者名をきちんと記述し，その人が記した内容を他と区別して記述することは最低限の礼儀である。

推測と断定に注意する

結果からわかったことと，そこから推測したことはきちんと区別をつけよう。たとえば，高校卒業前と大学入学直後，大学に入学して1年目の7月の時点での他者信頼感の得点を分散分析したところ，高校卒業前，大学に入学して1年目の7月の時点の方が大学入学直後より有意に他者信頼感得点が高かったとする。ここから他者信頼感が環境の変化によって変動するものであることがわかる。これは結果からわかることである。では，どのような環境の変化が他者信頼感に影響していると考えられるのであろうか。たとえば，この時期に大きく変動しているものの一つに友人関係があるだろう。高校までの仲のよい友人とは別に，大学に入学してから仲の良くなれそうな人を探し，その人と徐々に打ち解け，仲良くなっていっていることが推測される。そのような友人関係の変化が他者信頼感に関与した可能性がある。このように考えた場合，この部分は推測である。

このようにきちんと区別をつけて記述されていないと，読み手が混乱する。推測するべきところを断定で書かれていると，どの結果からそれがわかったのかがわからない。反対に，断定することを推測で書かれていると，断定できない理由がどこかにあるのではないかと考えてしまう。このように，読み手を混乱させるような記述は避けた方がよい。

おわりに

いきなり「考察をしなさい」と言われても，今までやったことのない人はどうすればよいかわからなくて戸惑うだろう。一番参考になるのは，今まで調べた学術論文である。学術論文には必ず考察がある。それらを見て，真似をするところから始めよう。人によっていろいろな工夫を凝らして，読み手にわかりやすいように，説得力のあるように書かれている。論文をいくつも読んでいくと，「このように書けばいいのか」「こう書くとわかりやすい」などの発見が必ずある。特に研究領域の同じ論文，同じ分析をしている論文は参考にしやすい。

14 認知的完結欲求尺度

　みなさんは，人から与えられた問題や，解決しなければならない問題に遭遇したときに，利用する情報や手段をどのように選んだり，処理しているだろうか。みなさんの中には，問題に対して曖昧な答えしか得られなくても気にならない人もいれば，確かな証拠に基づく回答を得なければ納得できない人もいるだろう。このような違いは，どのように説明できるのだろうか。その説明要因として提案されたものが，個人の動機づけの一つである認知的完結欲求である。

　認知的完結欲求とは，「問題に対して確固たる答えを求め，曖昧さを嫌う欲求」である。さらに，確固たる答えを得ようとする欲求だけでなく，一度確固たる答えが獲得されるとそれを持続しようとする欲求も含まれている。認知的完結欲求尺度は，個人の認知的完結欲求の高さを測定するものである。

　認知的完結欲求尺度は，鈴木・桜井（2003）によって作成された尺度であり，「決断性」下位尺度，「秩序に対する選好」下位尺度，「予測可能性に対する選好」下位尺度の3つの下位尺度，合計20項目で構成されている。

　「決断性」下位尺度は，判断場面や意思決定場面において素早く自信をもった決断をする傾向を表すものであり，「重要な決定は，たいてい素早く，自信をもって行う」「問題に直面しても，たいていの場合は最善の方法をすぐに見つけることができる」などの8項目でなっている。「秩序に対する選好」下位尺度は，「規則正しい生活が自分の性にはあっていると思う」「決まった場所に決まったものがあるのが好きだ」など，生活において環境を構造化することを好み，それを求める傾向を表す7項目が含まれる。「予測可能性に対する選好」下位尺度は，不確かさをもたらすもの，あるいはそれをもたらす可能性のあるものを避けたり，好まない傾向を表すものであり，「思いもよらないことをしそうな人と一緒にいるのは好まない」「何が起こるかわからないところには行きたくない」などの5項目から構成されている。

　教示は鈴木・桜井（2003）では明示されていないが，「以下の項目は，あなたにとって，次のどれに当てはまるでしょうか。『全く当てはまらない』から『非常に当てはまる』のうち，もっとも近いものに対応する数字に〇をつけてください」といったものが適当であろう。回答形式は，「全く当てはまらない（1点）」「当てはまらない（2点）」「やや当てはまならい（3点）」「やや当てはまる（4点）」「当てはまる（5点）」「非常に当てはまる（6点）」の6段階で評定を求める形式であり，得点が高いほど認知的欲求が高いことを示す。

　鈴木・桜井（2003）は，認知的完結欲求尺度と意思決定場面における判断スタイルや，判断を誤ることに対する不安や恐怖を意味する非妥当性恐怖との関連を検討しており，両者の間には負の関連があることを明らかにしている。

（布施光代）

文　献

鈴木公基・桜井茂男　（2003）．認知的完結欲求尺度の作成と信頼性・妥当性の検討　心理学研究, **74**, 270-275.

15 研究者倫理

　研究に協力してくれる人がいなくては，研究を行うことはできない。しかし実際に研究を行うと，自分が思うように研究を進めようとするあまり，研究や調査には協力してもらって当然というような態度が出てしまいがちである。「調査をさせていただいている」「協力していただいている」という気持ちを常に忘れてはならず，協力してくれる人に対する配慮を決して忘れてはならない。また，研究をする者が配慮しなければならないのは，研究協力者に対するものだけではない。調査のために既存の質問紙を使用する際，質問紙を作成する際，調査終了後の質問紙の処理など，配慮したり厳守したりしなければならない事柄は数多く存在する。ここでは，日本発達心理学会監修の『心理学・倫理ガイドブック─リサーチと臨床─』や心理学の各学会が定めている倫理規定を参考に，調査法を中心に研究を行う際の研究者倫理について述べていく。

既存の質問紙を利用するとき

　授業の一貫としてレポートを作成するために調査を行う場合や卒業論文を書く際には，学術誌に掲載されている質問紙尺度を使用して調査を実施することがあるだろう。学術誌に掲載されている尺度は，基本的には尺度の作者以外の人が自分自身の調査に利用することが可能である。調査を実施する際に既存の尺度を使用した場合は，尺度を作成した人に無断で利用するよりも，調査実施前に使用したい旨を伝えたり，レポートや論文を書き終わった後に尺度の作成者に結果を報告することが望ましい。また，レポートや論文を書く際には，その尺度を正しく引用し，必ず出典を明記しなければならない。もし既存の尺度をそのまま使用するのではなく，一部でも変更した点がある場合は，その旨をきちんと記述する必要もある。
　質問紙尺度の中には，販売されているものもある。そうした尺度を無断でコピーし使用するのは決して行ってはいけない。見つからなければ大丈夫だろうという考えはもってはならない。販売されている尺度を使用したい場合は，用紙を購入して使用するべきである。

質問紙を作成するとき

　質問紙を作成する際には，調査に協力してくれる人への配慮を忘れてはいけない。質問する量が多すぎはしないか，質問内容は適切かなど，自分が調査を受ける人の立場にたって，検討することが大切である。
　調査をするとなると，ついついあれもこれもとたくさん聞きたくなってしまう。「これも聞いておけば後の分析で使えるかも」と思い，むやみに項目数を増やすのはよくない。質問項目が多いと，それだけ回答に時間がかかり，調査協力者に負担をかけることになる。項目数だけでなく，質問内容も内容が複雑すぎる項目や意味がわからず回答しにくい項目はないか，調査協力者が不快な気分になる項目がないか十分注意する必要がある。質問紙を作成したあとで，

一度周囲の人に回答してもらい，項目数が多くないか，項目内容は適切か，不快な気分は生じないかなどを検討してみるとよいだろう。

質問項目だけでなく，フェイスシートでもできるだけたくさんの個人属性など聞いておきたいと思いがちであるが，特にプライバシーに関する情報（たとえば，家族構成，学歴，職業，年収など）は，必要もないのに入手しない義務も存在する。「他の論文でも尋ねているから，みんなも聞いているから，何かの分析に使えるかもしれないから」といった理由で必要ではない情報を入手してはならない。

質問項目，フェイスシート，いずれの場合も，この調査の目的は何であるのかをきちんと整理し，目的に合った本当に必要な情報だけを尋ねることが大切である。

調査を実施するとき

調査を実施するときは，調査協力者に調査の目的や内容について十分な説明をし，理解してもらったうえで，文書または口頭で調査に協力する同意を得る必要がある。これはインフォームド・コンセントとよばれている。文書で同意を得ることが難しい場合もあるかもしれないが，口頭であっても研究に協力してもらえるかどうかを問う必要がある。調査は授業時間を利用し一斉に実施させてもらうケースもよくあるが，その場合も，調査を実施する前に，調査は強制ではないこと，回答を拒否する権利があることを伝えるべきである。

調査の内容によっては，最初に協力者に内容をすべて説明できない場合がある。その場合には，調査が終わってから，調査の目的や内容がどのようなものであったかを説明する（デブリーフィングとよばれる）必要がある。

調査終了後の質問紙の管理と処理

たとえレポート作成のために授業の一貫として行った調査であったとしても，研究を行う者は，調査協力者のプライバシーを保護し，守秘義務を履行しなければならない。

調査が終わると回収した質問紙を机の上に放りっぱなしでまったく気にしていない学生が時々見られる。調査で得られた情報の中には，調査協力者のプライバシーに直接的にかかわる情報も多く含まれている場合がある。たとえ無記名であっても，多くの個人の情報が詰まっているのである。こうした情報が漏洩することがないよう質問紙の管理や処分には注意しなければならない。質問紙の内容を他者に話したり，質問紙を他者に見せたり，他者から見える場所に放置してはいけない。質問紙を紛失するようなこともあってはならない。入力が終わったデータファイルについても，学校などにある共有パソコンに保存したままにして，他者が見ることができる状態にしてはいけない。

質問紙を処理する際にも注意しなくてはいけない。普通のゴミとして出してはいけない。シュレッダーで処分する，焼却処分するなど，質問紙が人の目にふれることがない方法で処理する必要がある。

レポートや論文を書くとき

既存の尺度を利用するときに出典を明らかにする必要があることはすでに述べたが，既存の尺度を利用するときだけでなく，学術誌に掲載されている論文や著作から文章を引用する際には，必ず出典を明らかにしなければならない。そして自分自身の考えで書いた文章なのか，他者が考えて書いた文章であるのかを明確に区別してレポートや論文を書くことが必要である。

他者の考えを自分のものとしてレポートや論文を書くことは絶対に行ってはいけない。

調査結果のフィードバック

　調査を受ける立場になると，「自分が調査に協力したものは結果がどうなったのだろう」と調査の結果が知りたくなったことがあるだろう。調査に協力した人や協力した機関は，自分が参加した調査によってどのような結果が得られたのかを知る権利がある。調査を実施し分析が終わった後，どのような結果が得られたかを調査協力者に説明することが望ましい。

おわりに

　以上，調査法を中心とした倫理問題について取り上げたが，これら以外にも倫理問題は数多く存在する。各学会ではそれぞれ倫理規定を設け，遵守するよう求めている。たとえば，発達心理学会では，学会監修で心理学・倫理ガイドブックを作成しており，その中では調査法以外にもさまざまな倫理問題について述べられているので，参照するとよい。

文　献

日本発達心理学会(監修)　古澤頼雄・斉藤こずゑ・都筑　学(編)　(2000)．心理学・倫理ガイドブック―リサーチと臨床―　有斐閣

15　方向感覚質問紙

　「方向感覚」という用語は，日常よく用いられる現実経験に根ざした言葉である。たとえば，初めての土地でも道に迷わずに目的地に到達できるとか，あるルートを一度通っただけで完璧にマスターしてしまうといった場合，「方向感覚がよい（優れている）」ことと結びつけられやすい。一方，すぐに道に迷ってしまうような人は「方向音痴」とよばれる。こうした例は，方向感覚（あるいは方向音痴）という用語が，人間の環境空間と相互作用する際の個人差の一面を評価する手がかりとなっていることを示している。

　方向感覚（sense of direction）を測定・評価する際の指標は，実際に被験者に何らかの課題をさせてその達成の程度を見るといった行動の水準におけるものと，被験者自身が自分の行動を振り返って自己評定するという意識の水準におけるものの，2つの水準に区別することができる。前者は，実際に被験者に移動させてその成績から判断したり，頭の中で空間的な情報を処理する課題を与えて空間認知能力を調べたりするなど，実験的方法によって方向感覚をとらえようとするものである。ここでは，後者，すなわち意識水準における指標として，方向感覚質問紙（SDQ-S; 竹内, 1992）を紹介する。

　方向感覚質問紙は，環境空間内を移動するにあたって，当該の空間をどれだけよく認知しているかということに関する自己評定の度合いを測定するために作成されたものである。この尺度は2つの下位尺度から構成される。1つは，「知らない土地へ行くと，途端に東西南北が分からなくなる」「電車（列車）の進行方向を東西南北で理解することが困難」「ホテルや旅館の部屋に入ると，その部屋がどちら向きかわからない」など，東西南北の意識や理解を中心とした9項目から構成される「方位に関する意識」下位尺度である。もう1つは，「目印となるものを見つけられない」「自分がどちらに曲がってきたかを忘れる」「何度も行ったことのあるところでも目印になるものをよく覚えていない」など，目印や曲がり角に対する記憶を中心とする8項目から構成される「空間行動における記憶」下位尺度である。回答は，「よく当てはまる（5点）」から「ほとんど当てはまらない（1点）」の5段階で行われる。ただし，参加者の回答した得点をそのまま尺度得点として算出すると，得点が高いほど「方向感覚がよくない」「方位に関する意識は低い」「空間行動における記憶が低い」というように，得点の高低と，構成概念としての能力の高低との対応が逆になってしまい解釈しにくくなる恐れがある。そのため，実際的には，方向感覚がよいほど得点が高くなるように得点を変換した後に，各種分析が行われ，その結果に基づいた解釈が施されることになる。

　竹内（1992）は，方向感覚質問紙を用いた検討において，男子の方が女子よりも自己の方向感覚を高く評価する傾向があること，京大NX15-知能検査で測定される能力のうち「空間的情報処理」の能力と「空間行動における記憶」下位尺度に相関が見られることを示している。

（月元　敬）

文献

竹内謙彰　（1992）．方向感覚と方位評定，人格特性及び知的能力との関連　教育心理学研究, **40**, 47-53.

事項索引

あ
ID (identification) 番号　76
Item-Test 相関係数 (IT 相関)　52, 87, 90
α (アルファ) 係数　8, 102
一貫した表記　43
依頼状　65
因子分析　52, 98
インターネット　32
インフォームド・コンセント　126
引用　33, 125
引用文献　35
　　──リスト　35
ウェルチ (Welch) の方法　107
SD 法　47, 48
SPSS　75, 95
折れ線グラフ　115

か
下位概念　7
解釈　119
下位尺度　7, 102
概念構造　13
学術雑誌　32
間隔尺度　2
　　──水準　50
記述統計量　52, 83, 98
基準関連妥当性　8
記名式　56
逆転項目　51, 79
共感性尺度　39
教示　55
グループ別の相関係数　105
結果の解釈　119
欠損値　78
研究計画書　18
研究上の問題点や限界　121
研究
　　──の意義　44
　　──の知見　121
研究者倫理　125
合計得点　88
考察　119
構成概念　6, 42, 47
構成概念妥当性　8
構想発表　17, 18, 24

項目間相関係数　52
項目数　50, 59
項目のレイアウト　59

さ
PsycINFO　32
再検査信頼性　8
最小値　84
最大値　84
散布図　115
自意識尺度　61
刺激欲求尺度・抽象表現項目版　10
実験参加者　112
質問項目　5
質問冊子　6
質問紙　5
質問紙法　1
　　──の長所と短所　1
社会的望ましさ　50, 55
尺度　6
縦断的研究　76
縦断的調査　56
出典　125
順序尺度水準　49
順位法　47, 48
情報の正確さ　33
初期の固有値　100
人口統計的変数　56
信頼性　8
　　──係数　52
心理的概念　43
親和動機尺度　29
スクリープロット　100
図の書式　115
図表　113
折半法　8
説明された分散の合計　100
セルフ・ハンディキャッピング尺度　73
先行研究　20, 42, 123
　　──の調べ方　31
全数調査　64
選択肢　50
専門用語　44
相関係数　85, 104
　　グループ別の──　105

蔵書検索　32

た
大学生用対人ストレスコーピング尺度　54
対人依存欲求尺度　46
タイトル　55
多次元自己志向的完全主義尺度　94
多肢選択法　47, 49
妥当性　8, 52
多面的楽観性測定尺度 4 下位尺度版　109
中央値　84
中性カテゴリ　51
調査協力
　　──の依頼　65
　　──のお礼　56
調査協力者　64
　　──数　65
調査参加者　112
調査時の心構え　70
t 検定　90, 106, 107
データエディタ　95
手続き上のミス　120
デブリーフィング　63, 65, 71, 126
電子ジャーナル　32
統計的手法の記述方法　113
通し番号　75, 114
特性論　2, 11

な
内的整合性 (内的一貫性)　8, 102
内容的妥当性　8
NACSIS Webcat　32
ナンバリング　77
日本心理学会　111
　　──執筆・投稿の手びき　34, 111
日本版 Buss-Perry 攻撃性質問紙　16
入力ミス　80
認知的完結欲求尺度　124
ネガティブな反すう　82

[著者一覧]（五十音順，＊は編者）

安藤史高（あんどう・ふみたか）
現職：岐阜聖徳学園大学教育学部教授
担当：第13章，コラム2，コラム12

小塩真司（おしお・あつし）＊
現職：早稲田大学文化構想学部教授
担当：第1章，第2章，第3章，第12章，コラム7，コラム8

月元　敬（つきもと・たかし）
現職：岐阜大学教育学部准教授
担当：第5章，コラム15

遠山孝司（とおやま・たかし）
現職：鎌倉女子大学児童学部准教授
担当：第4章，第9章，コラム3，コラム9

西口利文（にしぐち・としふみ）＊
現職：大阪産業大学全学教育機構 教職教育センター教授
担当：第10章，コラム4，コラム11

丹羽智美（にわ・ともみ）
現職：四天王寺大学教育学部准教授
担当：第14章，コラム10

布施光代（ふせ・みつよ）
現職：明星大学教育学部教授
担当：第6章，第8章，コラム6，コラム13，コラム14

山本ちか（やまもと・ちか）
現職：名古屋文理大学短期大学部食物栄養学科教授
担当：第15章，コラム5

脇田貴文（わきた・たかふみ）
現職：関西大学社会学部教授
担当：第7章，第11章，コラム1

心理学基礎演習 Vol.2
質問紙調査の手順

| 2007年11月20日 | 初版第 1 刷発行 | 定価はカヴァーに |
| 2023年 3月 1日 | 初版第16刷発行 | 表示してあります。 |

編 者　　小塩真司
　　　　　西口利文
発行者　　中西　良
発行所　　株式会社ナカニシヤ出版
〒606-8161 京都市左京区一乗寺木ノ本町 15 番地
　　　　　　　　Telephone　075-723-0111
　　　　　　　　Facsimile　075-723-0095
　　　　　　　Website　http://www.nakanishiya.co.jp/
　　　　　　　E-mail　iihon-ippai@nakanishiya.co.jp
　　　　　　　　郵便振替　01030-0-13128

装丁＝白沢　正／印刷・製本＝ファインワークス
Printed in Japan
Copyright © 2007 by A. Oshio & T. Nishiguchi
ISBN978-4-7795-0200-2

◎本書のコピー，スキャン，デジタル化等の無断複製は著作権法上での例外を除き禁じられています．本書を代行業者等の第三者に依頼してスキャンやデジタル化することは，たとえ個人や家庭内での利用であっても著作権法上認められておりません．